Schweitzer-Faust/Stauf
Kommentar zu den
Einheitskonditionen
der Deutschen Textilwirtschaft

D1933365

Schweitzer-Faust/Stauf

Kommentar zu den Einheitskonditionen der deutschen Textilwirtschaft

Einheitsbedingungen der deutschen Textilindustrie und der deutschen Bekleidungsindustrie

6. neubearbeitete und erweiterte Auflage

von **Rechtsanwalt Werner Schweitzer-Faust, Köln**
Hauptgeschäftsführer des Bundesverbandes des Deutschen Textileinzelhandels e. V.

und **Dr. jur. Paul Stauf, Köln**
Geschäftsführer der Kartellvereinigung Bekleidungsindustrie

Mitbegründet von **Rechtsanwalt Dr. Heinz Kamin** †

Deutscher Fachverlag

CIP-Kurztitelaufnahme der Deutschen Bibliothek

Schweitzer-Faust, Werner:
Kommentar zu den Einheitskonditionen der deutschen Textilwirtschaft : Einheitsbedingungen d. dt. Textilindustrie u. d. dt. Bekleidungsindustrie / von Werner Schweitzer-Faust u. Paul Stauf. Mitbegr. von Heinz Kamin. – 6., neubearb. u. erw. Aufl. – Frankfurt am Main : Deutscher Fachverlag, 1986
ISBN 3-87150-231-6
NE: Stauf, Paul:

ISBN 3-87150-231-6

© 1986 by Deutscher Fachverlag GmbH, Frankfurt am Main
Alle Rechte vorbehalten.
Nachdruck, auch auszugsweise, nur mit Genehmigung des Verlages gestattet.
Gesamtherstellung: Rheinhessische Druckwerkstätte Alzey

Inhaltsverzeichnis

Vorwort

Auch in der sechsten überarbeiteten und erweiterten Auflage des Kommentars zu den Einheitsbedinungen der Deutschen Textilwirtschaft wurde wiederum die neuere Rechtsprechung seit Erscheinen der fünften Auflage im April 1977 eingearbeitet.
Zudem wurden die notwendig gewordenen Textänderungen in den §§ 6, 10 und 11 EB berücksichtigt und besprochen.
Die Änderung im Autorenteam war durch den unerwarteten Tod von Herrn Rechtsanwalt Dr. Heinz Kamin bedingt, der die ersten fünf Auflagen mit bearbeitet hat.
Auch bei dieser Auflage haben wir uns bemüht, nicht nur den Juristen eine Anleitung für dieses Spezialgebiet an Hand zu geben, sondern auch den Praktikern auf der Lieferanten- und Abnehmerseite ein Hilfsmittel für ihre tägliche Arbeit zu schaffen.

Werner Schweitzer-Faust und Paul Stauf

Vorwort

[illegible]

Literatur- und Abkürzungsverzeichnis

a. A.	anderer Ansicht
aaO	am angeführten Ort
Abs.	Absatz
ADSp	Allgemeine Deutsche Speditionsbedingungen
AG	Amtsgericht
AGB	Allgemeine Geschäftsbedingungen
AGBG	Gesetz zur Regelung des Rechts der Allgemeinen Geschäftsbedingungen
a. M.	anderer Meinung
Anm.	Anmerkung
Art.	Artikel
Aufl.	Auflage
Az.	Aktenzeichen
Baumbach-Duden	Handelsgesetzbuch 24. Auflage
Baumbach-Lauterbach	Zivilprozeßordnung 27. Auflage
BB	Der Betriebs-Berater (Jahr/Seite)
Bd.	Band
Beschl.	Beschluß
BGB	Bürgerliches Gesetzbuch
BGBl.	Bundesgesetzblatt (Teil, Jahr, Seite)
BGH	Bundesgerichtshof
BGHZ	Bundesgerichtsentscheidungen in Zivilsachen (Band/Seite)
BKartA	Bundeskartellamt
BTE	Bundesverband des Deutschen Textileinzelhandels e.V.
DB	Der Betrieb
EB	Einheitsbedinungen der Deutschen Textilwirtschaft
EGHGB	Einführungsgesetz zum Handelsgesetzbuch
EuGH	Europäischer Gerichtshof
ff	folgende
GB	Grundgesetz der Bundesrepublik Deutschland
Gemeinsamer Konditionenausschuß des Handels	Trägerverbände: Bundesverband des Deutschen Textileinzelhandels e.V., Bundesarbeitsgemeinschaft der Mittel- und Großbetriebe des Einzelhandels e.V., Bundesvereinigung Deutscher Einkaufsverbände e.V., Gesamtverband des Deutschen Textilgroßhandels e.V.
GemKom	Gemeinschaftskommentar zu den EB der Rechtsanwälte Bauherdt, Krautheuser u. Meller, 1981
GroßKom. HGB	Großkommentar zum Handelsgesetzbuch, 3. Band. 3. Auflage

Gutachterkreis	Gutachterkreis von Handel und Industrie zur Auslegung der Einheitsbedingungen
GWB	Gesetz gegen Wettbewerbsbeschränkungen (Kartellgesetz)
HGB	Handelsgesetzbuch
HM	Herrschende Meinung
HK	Handelskammer
IHK	Industrie- und Handelskammer
JW	Juristische Wochenschrift
Kartellgesetz	Gesetz gegen Wettbewerbsbeschränkungen
Kaufrecht	Das Kaufrecht, Bergerfurth/Menard, 3. Auflage
KO	Konkursordnung
Lambsdorff/Skova	Die Mängelhaftung
LG	Landgericht
LM	Nachschlagewerk des Bundesgerichtshofs in Zivilsachen von Lindenmaier und Möhring (Gesetzesstelle und Entscheidungsnummer)
MDR	Monatsschrift für Deutsches Recht (Jahr/Seite)
NJW	Neue Juristische Wochenschrift (Jahr/Seite)
Nr.	Nummer
OLG	Oberlandesgericht
Palandt	Bürgerliches Gesetzbuch 31. Auflage 1972
RBerG	Rechtsberatungsmißbrauchgesetz
RG	Reichsgericht in Zivilsachen (Band/Seite)
RGRKomm.	Kommentar zum Handelsgesetzbuch, früher herausgegeben von Mitgliedern des Reichsgerichts, 4. Band, bearbeitet von Würdinger und Bruggemann, 2. Auflage 1961
S.	Seite
Staudinger	Kommentar zum Bürgerlichen Gesetzbuch
Urt.	Urteil
u. U.	unter Umständen
UWG	Gesetz gegen den unlauteren Wettbewerb
vgl.	vergleiche
Vorbem.	Vorbemerkung
WG	Wechselgesetz
WRP	Wettbewerb in Recht und Praxis (Jahr/Seite)
ZPO	Zivilprozeßordnung

Einleitung

Die Einheitsbedingungen der Deutschen Textilwirtschaft haben in sehr großem Maße dazu beigetragen, das Verhältnis zwischen Lieferant und Abnehmer zu verbessern. Klare vertragliche Absprachen sind die beste Voraussetzung für einen ordnungsgemäßen und reibungslosen Geschäftsablauf; sie bilden die Grundlage einer angenehmen Geschäftsbeziehung. Das geltende Recht läßt die Einheitsbedingungen der Deutschen Textilwirtschaft nun nicht ohne weiteres zum Inhalt aller abgeschlossenen Kaufverträge werden. Es bedarf hierfür vielmehr einiger Voraussetzungen: 1

Die alten Einheitsbedinungen in der Fassung von 1943 standen unter dem starken Einfluß des seinerzeitigen Verkäufermarktes. Sie sind zu verstehen aus der Zeit der Warenverknappung und Rationierung. Nach dem Krieg wurden diese alten Einheitskonditionen nur vereinzelt zum Gegenstand von Kaufverträgen gemacht. Der Handel lehnte sie allgemein ab, weil sie den Marktverhältnissen nicht mehr gerecht wurden. Im Jahre 1954 schlossen die Spitzenverbände der deutschen Textilwirtschaft ein neues Zahlungsabkommen, das in seinen wesentlichen Punkten auch in den neuen Einheitsbedingungen verankert ist. 2

Zu der historischen Entwicklung der Einheitsbedingungen vgl. im einzelnen GroßKom HGB, § 346 Anm. 205b ff. und dortige weitere Literaturhinweise.

Das Gesetz gegen Wettbewerbsbeschränkungen (Kartellgesetz) knüpft ganz bestimmte Voraussetzungen an die Schaffung neuer Verkaufs- und Lieferungsbedingungen, sofern diese eine gewisse Allgemeingültigkeit erlangen sollen. Demgemäß haben sich die meisten Industrieverbände zu sogenannten Kartellkonventionen zusammengeschlossen und nach Verhandlungen mit den Spitzenverbänden des Handels gemäß § 2 GWB die neuen Einheitsbedingungen der Textilwirtschaft zum 1. 1. 1960 beim Bundeskartellamt angemeldet. Der Beitritt zur Kartellkonvention hat zur Folge, daß alle Mitglieder Kaufverträge nur zu den Einheitskonditionen tätigen und andere hiervon abweichende Bestimmungen nicht vereinbart werden dürfen. Dem widerspricht es auch, die Einheitsbedingungen als Mindestbedingungen anzusehen. 3

Leider sind nicht alle Betriebe der Textil- und Bekleidungsindustrie diesen Kartellkonventionen beigetreten, so daß ein Teil dieser Unternehmen zu beliebigen Konditionen Kaufverträge abschließen kann. Andererseits ist es aber jedermann freigestellt, die Einheitsbedingungen zum Inhalt der jeweiligen Kaufverträge zu machen. Diese Übung hat sich auch bei den nicht den Kartellvereinigungen angehörenden Firmen weitgehend durchgesetzt. In der Regel kontrahiert somit die Industrie mit dem Handel zu den Einheitsbedingungen der Deutschen Textilwirtschaft.

Soweit rechtliche Bestimmungen zwischen Lieferant und Abnehmer in den Einheitsbedingungen keine Regelung gefunden haben, können sie zwischen den Parteien frei vereinbart werden.

4 Ob man bei den Einheitsbedingungen der Deutschen Textilwirtschaft von einem Handelsbrauch sprechen kann, wird unterschiedlich beurteilt. Die Rechtsnatur der Einheitsbedingungen als Handelsbrauch haben bejaht die Industrie- und Handelskammern Bayreuth, Darmstadt, Düsseldorf, Regensburg, Reutlingen und Wuppertal. Einzelne Bestimmungen wurden als Handelsbrauch anerkannt von den Industrie- und Handelskammern Bielefeld, Krefeld, Passau und Aachen. Verneinende Gutachten haben abgegeben die Industrie- und Handelskammern Mönchengladbach (BB 1951, 348), Stuttgart, Osnabrück, Frankfurt, München, Coburg, Würzburg und Nürnberg. Bejahende Entscheidungen sind ergangen von folgenden Gerichten: LG Aachen (BB 1950, 855), AG Düsseldorf und AG Köln; zum Teil bejahend hat das LG Ulm entschieden, verneinend das AG Viersen (vgl. hierzu GroßKom HGB, § 346 Anm. 204). Auch das OLG Düsseldorf (DB 1974/884) entschied, daß die Einheitsbedingungen der Deutschen Textilwirtschaft kein Handelsbrauch sind.
Aufgrund der geschichtlichen Entwicklung der Einheitsbedingungen kommt der GroßKom HGB (§ 346 Anm. 206) zu dem Ergebnis, daß die These, die Einheitsbedingungen der Deutschen Textilindustrie seien Handelsbrauch, unhaltbar sei. Einmal seien die Formulierungen noch in jüngster Zeit geändert worden und weder aus dem Wortlaut noch aus sonstigen Umständen könne entnommen werden, daß sie etwa für die Zukunft eine angemessen lange Zeit unverändert zur Anwendung gelangen würden; zudem seien die Einheitsbedingungen nicht das Ergebnis eines freien, spontan gewachsenen Marktgeschehens. Auch für dieses weitere Charakteristikum des Handelsbrauchs finde sich in der ganzen Entwicklungsgeschichte der Einheitsbedingungen keine Andeutung. Schließlich sei auch das Erfordernis der Einheitlichkeit und Gleichmäßigkeit der Anwendung dieser Bedingungen in der deutschen Textilindustrie nicht gegeben, da Teile der deutschen Textilindustrie, nämlich die Garnhersteller und die Textillohnveredler, andere Bedingungen zum Bundeskartellamt angemeldet hätten.
Dieser Auffassung wird man sich anschließen müssen. Es ist deshalb notwendig, die Einheitsbedingungen bei Vertragabschlüssen wie bisher gesondert zu vereinbaren. Nicht erforderlich ist es jedoch, daß die Einheitsbedingungen jeweils in ihrem vollen Wortlaut auf dem Auftragsformular oder der Auftragsbestätigung abgedruckt werden. Es genügt vielmehr, daß auf sie Bezug genommen wird. Voraussetzung ist hier allerdings, daß den Vertragsparteien der Inhalt der Konditionen bekannt ist oder daß sie die Möglichkeit haben, in zumutbarer Weise von ihnen Kenntnis zu nehmen. Man kann jedoch heute davon ausgehen, daß der Wortlaut der Einheitsbedingungen inländischen Abnehmern und Lieferanten hinreichend bekannt ist. Die Entscheidung des OLG Celle (BB 1971, 546), wonach der volle Wortlaut allgemeiner Geschäftsbedingungen zumindest einmal den Vertragsparteien vorgelegen haben muß, kann nicht auf die Einheitsbedingungen bezogen werden, da es sich nicht um Liefer- und Zahlungsbedingungen eines einzelnen Unternehmens, sondern um solche einer ganzen Branche handelt.
Im übrigen haben Kaufleute nach der Rechtsprechung des BGH (DB 1971, 2106) mit Lieferungsbedingungen des Vertragsgegners zu rechnen und sind deshalb gehalten, größere Sorgfalt bei der Führung von Vertragsverhand-

lungen aufzuwenden als Nichtkaufleute. Ihnen ist zuzumuten, sich über den Inhalt der Lieferbedingungen des Vertragsgegners zu vergewissern. Es genügt daher, daß auf die Lieferungsbedingungen deutlich hingewiesen wird, was auch durch einen formularmäßig aufgedruckten Vermerk geschehen kann. Aus diesem Grunde hat das OLG Düsseldorf (DB 1974, 884) die Einheitsbedingungen als vereinbart angesehen, obwohl der Text der Einheitsbedingungen nicht vorgelegen hatte, sondern auf dem Orderformular der Hinweis enthalten war, es sollten die Einheitsbedingungen gelten.
Im Auslandsgeschäft wird man zumindest beim ersten Vertrag dem Kontrahenten den Wortlaut der Einheitsbedingungen, die man zum Gegenstand des Vertrages machen will, übermitteln müssen.

Um den Besonderheiten einiger Fachsparten gerecht zu werden, sind die 5
Einheitsbedingungen durch Durchführungsbestimmungen und Zusatzbestimmungen ergänzt worden. Diese zusätzlichen Regelungen gelten ebenso wie die Einheitsbedingungen.

Ein Kaufvertrag unter Abwesenden – und das ist wohl die Regel bei Kaufver- 6
trägen zwischen Industrie und Handel – kommt durch die schriftliche Auftragserteilung und die hierauf übersandte Auftragsbestätigung des Verkäufers zustande. Der Auftraggeber ist an seinen Auftrag solange gebunden, wie er unter regelmäßigen Umständen eine Antwort vom Lieferanten erwarten kann (§ 147 Abs. 2 BGB). Schweigt der Lieferant auf einen ihm zugegangenen Auftrag, so ist sein Schweigen grundsätzlich als Ablehnung zu werten. Von diesem allgemeinen Grundsatz abweichend, kann dem Schweigen bei Vertragsverhandlungen jedoch dann ausnahmsweise die rechtliche Bedeutung einer Annahme des Vertragsangebotes zukommen, wenn eine ausdrückliche Annahmeerklärung – also eine Auftragsbestätigung – nach der Verkehrssitte nicht zu erwarten ist (§ 151 BGB). Dies wird dann der Fall sein, wenn bei laufenden Geschäftsverbindungen auf einen Auftrag nie eine ausdrückliche Bestätigung übersandt wurde, sondern die gewünschte Lieferung nach Maßgabe der Bedingungen des Auftrages erfolgte.

Decken sich die Bedingungen des Auftrages und die der Auftragsbestäti- 7
gung, so entstehen keine rechtlichen Streitfragen. Weichen nun aber die Bedingungen der Auftragsbestätigung von denen des Auftrages ab, so gilt die Auftragsbestätigung als neues, diesmal dem Käufer unterbreitetes Vertragsangebot.
Schweigt der Käufer auf dieses modifizierte Angebot, so ist daraus nicht zu schließen, daß er mit den neuen Vertragsbedingungen einverstanden ist, denn auch im kaufmännischen rechtsgeschäftlichen Verkehr gilt Schweigen auf ein Vertragsangebot grundsätzlich nicht als Zustimmung (BGH BB 1973, 1459; 1977, 1311). Der BGH (aaO) hat auch die Entgegennahme einer Teillieferung nicht als stillschweigende Annahme des geänderten Auftrags gewertet; hierzu sei vielmehr Voraussetzung, daß die Verkehrssitte und die gesamten Umstände ein solches Verhalten hinreichend deutlich als Einverständnis erkennbar machen müssen. Im übrigen seien auch bei einem modifizierten Antrag die §§ 146, 147 BGB zu beachten, d. h. der neue Antrag könne nur bis zu dem Zeitpunkt angenommen werden, in dem der Antragende den Eingang der Antwort unter regelmäßigen Umständen erwarten dürfe. Werde die Ware erst nach diesem Zeitpunkt angenommen, so könne auch darin keine still-

schweigende Billigung der Bedingungen des Verkäufers erblickt werden.

8 Bestehen beide Parteien darauf, daß ihre Bedingungen gelten sollen (kollidierende Geschäftsbedingungen), so kommt es zum offenen Dissens. Gemäß § 154 Abs. 1 BGB hat diese fehlende Einigung über Vertragspunkte im Zweifel zur Folge, daß der Vertrag als nicht geschlossen gilt. Hierzu hat jedoch der BGH (BB 1973, 1459) entschieden, daß sich dieser offene Dissens nur auf die den Vertrag begleitenden Bedingungen erstrecke; an dem Zustandekommen eines wirksamen Kaufvertrags könne hingegen nicht gezweifelt werden, da dieser in aller Regel gewollt gewesen sei. Hätten sich die Parteien über die Verkaufs- bzw. Einkaufsbedingungen nicht einigen können, träten an deren Stelle die gesetzlichen Bestimmungen. In einem solchen Fall werden also weder die Bedingungen des Verkäufers, noch die des Käufers Vertragsbestandteil, vielmehr wird die durch die mangelnde Einigung der Parteien gebliebene Lücke durch die entsprechenden gesetzlichen Vorschriften ausgefüllt, soweit die beiderseitigen Bedingungen nicht übereinstimmen.
Dieser Rechtsgedanke kommt auch in § 6 Abs. 1 und 2 AGBG zum Ausdruck, wonach der Vertrag im übrigen wirksam bleibt, wenn allgemeine Geschäftsbedingungen ganz oder teilweise nicht Vertragsbestandteil geworden sind und wenn an deren Stelle die gesetzlichen Vorschriften treten.

9 Eine stillschweigende Annahme von Geschäftsbedingungen, z. B. durch vorbehaltlose Annahme der Ware, kann insbesondere dann nicht unterstellt werden, wenn sogenannte Abwehrklauseln verwandt werden. Dabei weist eine Vertragspartei ausdrücklich darauf hin, daß nur ihre Bedingungen gelten und daß andere Bedingungen nicht anerkannt werden oder daß fremde Geschäftsbedingungen nur dann gelten, wenn sie ausdrücklich schriftlich anerkannt sind. Hier steht die unmißverständliche Erklärung, nur nach den eigenen Bedingungen abschließen und andere Bedingungen nur nach schriftlicher Anerkennung gelten lassen zu wollen, der Annahme einer stillschweigenden Unterwerfung unter die Bedingungen des Vertragspartners entgegen (DB 1985, 1687). Auch hier füllen dann die gesetzlichen Vorschriften die bestehende Lücke aus, soweit die beiderseitigen Bedingungen nicht übereinstimmen. Durch solche Abwehrklauseln wird also eindeutig zum Ausdruck gebracht, daß für Bedingungen des Vertragspartners nur Raum ist, wenn sie inhaltlich gleichgerichtet oder schriftlich anerkannt sind.

10 Von der Auftragsbestätigung zu unterscheiden ist das kaufmännische Bestätigungsschreiben, worunter ein von dem einen Vertragspartner an den anderen gerichtetes Schreiben zu verstehen ist, in dem der Absender seine Auffassung über das Zustandekommen und den Inhalt eines mündlich, fernmündlich, fernschriftlich oder telegrafisch geschlossenen Vertrages mitteilt (vgl. im einzelnen Schmidt-Salzer »Auftragsbestätigung, Bestätigungsschreiben und kollidierende Allgemeine Geschäftsbedingungen« in BB 1971/591 ff.). Ein solches kaufmännisches Bestätigungsschreiben verkörpert die im Handelsverkehr übliche Art, den Inhalt eines in solcher Weise abgeschlossenen Geschäftes zu Beweiszwecken niederzulegen (BGH BB 1965, 304; 1973, 1459). Die Rechtsprechung mißt dem schriftlichen Bestätigungsschreiben unter Kaufleuten konstitutive Wirkung dergestalt bei, daß unabhängig von vorangegangenen mündlichen Reden fortan nur noch der bestätigte Vertragsinhalt für die Rechtsbeziehungen der Parteien maßge-

bend sein soll. Mündliche Abreden, die von dem schriftlich bestätigten Inhalt des Vertrages abweichen, gelten somit bei widerspruchsloser Entgegennahme des Bestätigungsschreibens als fallengelassen (BGH, BB 1969, 1455; RG JW 1919/101). An das Bestätigungsschreiben knüpft sich also die Fiktion der Richtigkeit seines Inhalts. Ein Gegenbeweis gegen diese Fiktion ist ausgeschlossen, da es sich insoweit der Sache nach um eine Rechtsfolge handelt (OLG Köln BB 1971, 286). Nach dieser Entscheidung kommt ein Gegenbeweis nur in der Hinsicht in Betracht, daß besondere Umstände dargelegt werden, aus denen hervorgeht, daß neben dem Bestätigungsschreiben oder von ihm abweichend eine mündliche Abrede vereinbarungsgemäß – also zusätzlich – gelten soll. Auf solche ergänzenden Abreden könne sich der schweigende Empfänger aber in der Regel nur berufen, wenn das Bestätigungsschreiben den betreffenden Punkt nicht abschließend regele.

Der Empfänger eines Bestätigungsschreibens ist also verpflichtet, unverzüglich zu widersprechen, wenn er den Inhalt des Schreibens nicht gegen sich gelten lassen will. Unterläßt er dies, so gilt der Vertrag als mit dem bestätigten Inhalt abgeschlossen. Dies gilt auch dann – und gerade dann –, wenn das Bestätigungsschreiben den Inhalt der Verhandlungen und des Vertragsabschlusses nicht so wiedergibt, wie dies – jedenfalls nach der Behauptung des Empfängers – besprochen war.

Dieser Grundsatz gilt allerdings nicht ausnahmslos; so ist eine Ausnahme dann zu machen, wenn das Bestätigungsschreiben von dem was besprochen und abgemacht war, so erheblich abweicht, daß sein Absender nach Treu und Glauben nicht annehmen konnte, der Empfänger werde auch diese Abweichung hinnehmen, etwa weil das Bestätigungsschreiben etwas enthält, was überhaupt nicht Gegenstand der Verhandlungen der Parteien gewesen ist, oder weil es etwas vollkommen Neues und ganz außerhalb des geplanten Abschlusses liegendes enthält (BGH LM § 346 HGB Nr. 14; BB 1973, 1459; 1985, 546). Dazu gehört jedoch nicht die Zweifelsfrage, ob Zahlungsbedingungen so vereinbart wurden, wie sie von einer Seite bestätigt wurden. Gerade dieser Einwand ist nach den Rechtsgrundsätzen über das Schweigen oder den verspäteten Widerspruch auf ein Bestätigungsschreiben unbeachtlich, weil er die konstitutive Rechtsfolge des Bestätigungsschreibens nicht auszuräumen vermag (OLG Köln BB 1971, 286). Ein Vertrag kommt durch die widerspruchslose Annahme eines Bestätigungsschreibens auch dann nicht zustande, wenn nach dem Parteiwillen die Annahmeerklärung schriftlich erfolgen sollte (BGH BB 1970, 1324).

Wenn ein Kaufmann in einem Bestätigungsschreiben eine Vereinbarung als 11
zwischen den Parteien getroffen wiedergibt, aber zu Ausdruck bringt, die Verpflichtungen des Partners genügten ihm nicht, und zusätzliche Leistungen verlangt, so kommt durch Schweigen des Empfängers ein Vertrag nicht zustande. Sein Schweigen kann die Annahme des Angebots, einen Vertrag unter den vorgeschlagenen zusätzlichen Bedingungen abzuschließen, nur enthalten, wenn unter den Umständen des Einzelfalles nach Treu und Glauben mit Rücksicht auf die Verkehrssitte der Absender für den Fall der Ablehnung eine ausdrückliche Erklärung des Empfängers erwarten durfte (BGH BB 1972, 418).

Die Beweislast, daß das Bestätigungsschreiben und wann es dem Empfänger zugegangen ist, trägt der Absender (BGH BB 1978, 321). Ob er davon Kenntnis nimmt, ist für dessen Wirkung bedeutungslos.

12 Kreuzen sich zwei Bestätigungsschreiben, die sich inhaltlich nicht decken, so braucht keine der Parteien zu widersprechen, um zu verhindern, daß das Schweigen als Willensübereinstimmung mit der Erklärung des Gegners gewertet wird (BGH BB 1966, 425; OLG Stuttgart BB 1962, 349).

13 Für Verträge, die unter Anwesenden geschlossen werden, gilt § 147 BGB, d. h. derartige Vertragsangebote können nur sofort – auf der Stelle – angenommen werden. Das gleiche gilt von Vertragsangeboten mittels Fernsprechers von Person zu Person. Auf jeder Seite müssen vertretungsberechtigte Personen gesprochen haben. Werden hingegen fernmündliche Aufträge auf der Empfängerseite auf ein Tonband aufgenommen oder wird der Auftrag durch Fernschreiben oder Telegramm erteilt, so gelten die Regelungen des Vertragsangebotes unter Abwesenden.

14 Wenn ein Vertrag durch Fernschreiben zum Abschluß gebracht wird, besteht unter Kaufleuten die Sitte, solche Verträge schriftlich zu bestätigen, um die im Fernschreibverkehr häufig nur auf bestimmte Punkte beschränkten Abreden zu ergänzen. Selbst wenn eine derartige Ergänzung sich als Änderung des bereits abgesprochenen Vertragsinhalts darstellt, muß der Empfänger eines kaufmännischen Bestätigungsschreibens nach den hierfür in der Rechtsprechung entwickelten Grundsätzen unverzüglich widersprechen, wenn er an den in dem Bestätigungsschreiben niedergelegten Vertragsinhalt nicht gebunden sein will.

Das OLG Köln (BB 1971, 286) hat eine Frist von 14 Tagen für ein solches Widerspruchsschreiben als zu lang betrachtet. Der BGH (BB 1969, 933) hält sogar eine Frist von mehr als einer Woche für das Widerspruchsschreiben für zu lang. Die Unverzüglichkeit gilt auch für den Fall, daß der Verkäufer einer Ware erst durch Bestätigungsschreiben seine allgemeinen Lieferungsbedingungen oder einen anderen Vorbehalt in den Vertrag einführen will.

15 Wie weit ein durch Schweigen auf ein kaufmännisches Bestätigungsschreiben zustandegekommenes Geschäft durch Irrtumsanfechtung (§ 119 BGB) zu beseitigen ist, ist streitig. Einigkeit besteht darüber, daß nicht angefochten werden kann wegen Irrtums über die Bedeutung des Schweigens, also darüber, daß das ohne Widerspruch hingenommene Bestätigungsschreiben für den Inhalt des Vertrages maßgebend ist (vgl. u. a. BGH BB 1953, 1024; 1956/381). Dagegen soll eine Irrtumsanfechtung gem. § 119 BGB dann möglich sein, wenn sich der Vertragsteil, der auf das Bestätigungsschreiben schweigt, bei den Vertragsverhandlungen oder über den Inhalt des Bestätigungsschreibens geirrt hat (vgl. mit weiteren Hinweisen BGH BB 1969, 933; 1971, 1480).

16 Bedingungen auf Rechnungen haben, da die Rechnungen regelmäßig nach Vertragsabschluß übersandt werden, auf den Vertragsinhalt keinen Einfluß mehr; dessen ungeachtet sind aber Rechnungen stets auf ihre Richtigkeit hin zu prüfen, denn ein zu langes Schweigen auf unrichtige Rechnungen kann unter Umständen Anerkennung bedeuten. Wenn ein Käufer von einem Verkäufer, mit dem er in ständiger Geschäftsbeziehung steht, laufend Rechnungsaufstellungen und Zahlungsaufforderungen erhält, auf diese Schriftstücke aber nicht reagiert und erst später in einem Prozeß Einwendungen

erhebt, so sind nach dem Urteil des OLG Frankfurt (Az: 5 U 47/67) diese Einwendungen dann nicht mehr beachtlich. Das Oberlandesgericht hat ausgeführt, daß der Käufer mit dem Schweigen auf die ihm übersandten Rechnungen diese als richtig anerkannt habe. Im Handelsverkehr bestehe zwar kein allgemeiner Rechtsatz, daß Schweigen eines Kaufmanns auf Mitteilungen seines Geschäftspartners als Zustimmung zu werten sei; wenn jedoch nach Treu und Glauben mit Rücksicht auf die Verkehrssitte im Handelsverkehr unverzügliche Beanstandungen geboten seien, dann müsse Schweigen als Zustimmung gewertet werden. Bei ständiger Geschäftsbeziehung, übersichtlicher Geschäfts- und Rechtslage, eindeutigem Rechtsgrund der vertraglichen Beziehungen und ihrer Leistungsbewegungen und ersichtlichem Interesse des Geschäftspartners auf Klarstellung der gegenseitigen Verpflichtungen widerspreche es Treu und Glauben im Handelsverkehr, wenn ein Partner wiederholte Rechnungszusammenstellungen unbeantwortet lasse. Das im Handelsverkehr anerkannte Bedürfnis, den Umfang gegenseitiger Verpflichtungen mit Sicherheit zu überblicken, da ungeklärte Forderungen die Bewegungsfreiheit eines Kaufmanns einzuschränken geeignet seien, verlange von den Geschäftspartnern bei Erkennbarkeit dieser Absicht eine Antwort.

Andererseits ist aber ein einmaliger Vermerk über den Gerichtsstand auf Rechnungsformularen unbeachtlich (vgl. § 2 Anm. 6 EB).

Bei Importgeschäften treten dann Zweifelsfragen auf, welches Recht anzu- **17**
wenden ist, wenn nicht eindeutig in den Vertragsbedingungen die Anwendbarkeit deutschen Rechts vereinbart und die Einheitsbedingungen der Deutschen Textilwirtschaft zugrunde gelegt wurden, zumal für etliche Exportländer anstelle des internationalen Privatrechts das »Einheitliche Gesetz über den internationalen Kauf beweglicher Sachen« und das »Einheitliche Gesetz über den Abschluß internationaler Kaufverträge über bewegliche Sachen« gilt. Dieses internationale Recht weicht teilweise vom deutschen Recht ab. Deshalb empfiehlt es sich im Interesse der Rechtsklarheit, bei allen Importgeschäften das internationale Recht auszuschließen und deutsches Recht einschließlich der Einheitsbedingungen der Deutschen Textilwirtschaft schriftlich zu vereinbaren (vgl. auch das vom BTE herausgegebene »Internationale Orderbuch«). Auch empfiehlt es sich, bei Auslandsgeschäften ein Schiedsgericht gemäß § 12 EB zu vereinbaren (vgl. § 12 EB Anm. 3). Wegen der Vereinbarung eines Gerichtsstandes vgl. auch § 2 EB Anm. 3.

Am 9. 12. 1976 wurde das Gesetz zur Regelung des Rechts der Allgemeinen **18**
Geschäftsbedingungen (AGB-Gesetz) verkündet (BGBl I 1976, 3317). Grundsätzlich gilt dieses Gesetz auch für Rechtsgeschäfte zwischen Kaufleuten (Voll- und Minderkaufleute). Allerdings finden die §§ 2, 10, 11 und 12 AGB-Gesetz auf diesen kaufmännischen Rechtsverkehr keine Anwendung (§ 24 Abs. 1 Nr. 1 AGB-Gesetz), es sei denn, aufgrund der Generalklausel in § 9 ABG-Gesetz ergibt sich, daß die Anwendung einer oder mehrerer der zahlreichen in § 10 und 11 AGB-Gesetz aufgezählten Klauseln zu einer unangemessenen Benachteiligung des Vertragspartners führt (§ 24 Abs. 2 AGB-Gesetz).

Die Einheitsbedingungen werden durch das AGB-Gesetz gegenwärtig nicht berührt:
Die grundsätzliche Verpflichtung in § 2 AGB-Gesetz, die Klauseln im vollen Wortlaut in jeden konkreten Einzelvertrag einzubeziehen (sog. Einbeziehungsvertrag), ist gemäß § 24 Abs. 1 AGB-Gesetz auf den kaufmännischen Rechtsverkehr nicht anzuwenden. Es genügt bei inländischen Vertragspartnern – aber auch bei ausländischen, wenn es sich nicht um ein Erstgeschäft handelt – weiterhin die Bezugnahme auf die Einheitsbedingungen, ohne daß sie in vollem Wortlaut vorliegen müssen (vgl. Einleitung Anm. 4).
Auch die Vorschriften, daß überraschende Klauseln, mit denen der Vertragspartner nicht zu rechnen braucht (§ 3 AGB-Gesetz) und Klauseln, die den Vertragspartner entgegen den Geboten von Treu und Glauben unangemessen benachteiligen (§ 9 AGB-Gesetz = Generalklausel), unwirksam sind, haben auf die Einheitsbedingungen keinen Einfluß. Die Textilkonditionen sind zwischen allen davon betroffenen Verbänden abgestimmt und beinhalten einen fairen Risikoausgleich zwischen Verkäufer und Käufer. Weder das Überraschungsmoment noch das Moment der unangemessenen Benachteiligung ist hier gegeben. Damit ist aber auch § 24 Abs. 2 AGB-Gesetz für die Einheitsbedingungen gegenstandslos (vgl. Anm. 1).
Von Bedeutung für die Einheitskonditionen kann allenfalls die Unklarheitenregel in § 5 AGB-Gesetz werden. Sie bestimmt, daß Zweifel bei der Auslegung allgemeiner Geschäftsbedingungen zu Lasten des Verwenders gehen. Insoweit ist der bislang in der höchstrichterlichen Rechtsprechung anerkannte Grundsatz jetzt Gesetz geworden. Sollten Gerichte zu der Auffassung kommen, die eine oder andere Regelung der Einheitsbedingungen gebe zu Zweifeln bei der Auslegung Anlaß, so ist für den Vertragspartner immer die günstigere Auslegungsmöglichkeiten zugrunde zu legen. Das ist bei § 6 Abs. 2 EB der Fall gewesen. Aus diesem Grund haben die Kartellkonventionen in Zusammenarbeit mit dem Gemeinsamen Konditionenausschuß des Handels den Wortlaut dieser Bestimmungen neu gefaßt (vgl. § 6 EB Anm. 1).
Darüber hinaus hat das Bundeskartellamt im Jahre 1985 die EB auf ihre Vereinbarkeit mit der Rechtsprechung und der Spruchpraxis der Kartellbehörde überprüft mit der Folge, daß lediglich in § 10 EB das negativ formulierte Aufrechnungsverbot eine positive Fassung erhielt (vgl. § 10 EB Anm. 2).

§ 1 Erfüllungsort

Erfüllungsort für alle Leistungen aus dem Lieferungsvertrag ist der Ort der Handelsniederlassung des Verkäufers.

1 Gemäß § 269 BGB ist Erfüllungsort (auch Leistungsort genannt) der Wohnsitz des Schuldners zur Zeit der Entstehung des Schuldverhältnisses. Ist die Verbindlichkeit im Gewerbebetrieb des Schuldners entstanden, so tritt – wenn der Schuldner seine gewerbliche Niederlassung an einem anderen Ort hat – der Ort der Niederlassung an die Stelle des Wohnsitzes. Etwas anderes gilt nur, wenn es sich aus den Umständen, insbesondere aus der Natur des Schuldverhältnisses, ergibt oder eine anderweitige Abrede vorliegt. Eine derartige Abrede enthält § 1 EB. Hiernach ist für alle Verpflichtungen aus dem Kaufvertrag der Ort der Handelsniederlassung des Verkäufers der Erfüllungsort.

An diesem Erfüllungsort müssen alle Verpflichtungen des Verkäufers und des Käufers bewirkt werden; er ist also der Ort der rechtlichen Abwicklung des Kaufvertrags. Das hat für den Verkäufer zur Folge, daß er seine Verpflichtungen aus dem Kaufvertrag grundsätzlich dann erfüllt hat, wenn er die gekaufte Ware innerhalb der vereinbarten Lieferfrist bzw. Nachlieferungsfrist gem. § 6 EB am Erfüllungsort, d. h. also am Ort seiner Handelsniederlassung, für den Käufer den vertraglichen Absprachen gemäß zur Verfügung hält.

2 Meist wird vertraglich vereinbart, die Ware an einen anderen Ort als den Erfüllungsort, nämlich den Ort der gewerblichen Niederlassung des Käufers, zu senden. Diese weitergehende Verpflichtung des Verkäufers, dem Käufer die Ware zu übersenden, berührt den Erfüllungsort nicht. Auch daraus, daß der Käufer die Kosten der Versendung zu tragen hat (vgl. § 4 Abs. 1 Satz 2 EB), ist nicht zu entnehmen, daß der Ort, nach welchem die Versendung zu erfolgen hat, der Erfüllungsort sein soll (§ 269 Abs. 3 BGB).

3 Erfolgt die Versendung auf Verlangen des Käufers, übernimmt der Verkäufer im Interesse des Käufers eine Nebenverpflichtung (BGH BB 1960, 181); d. h. also, der Verkäufer macht sich schadensersatzpflichtig, wenn die schuldhafte Verletzung dieser Nebenpflicht zu einer Schädigung des Käufers führt. Der Verkäufer besorgt also zugleich die Geschäfte des Käufers. Die Ware reist auf Gefahr und zu Lasten des Käufers.

4 Bei berechtigten Retouren (§ 7 EB) ist Erfüllungsort für die Verpflichtung des Käufers, die Ware zurückzugewähren, nicht der Erfüllungsort des Vertrags, sondern der Ort, an dem sich die Ware vertraglich befindet, mithin in der Regel die Handelsniederlassung des Käufers (§ 7 EB Anm. 1). Hat der Käufer die ihm gelieferte Ware auf Filialen verteilt, so ist allerdings nicht der Ort der betreffenden Filiale der Erfüllungsort für die Rückgewährung der Ware, sondern der Ort, an den die Ware vom Verkäufer vertragsgemäß zu liefern war. Der Käufer hat mithin auf seine Kosten und Gefahr die Ware von seiner Filiale zum vertraglichen Empfangsort, der Erfüllungsort wird, zu bringen. Das

gilt nicht, wenn der Verkäufer von vornherein die Ware vertragsgemäß an verschiedene Filialen des Käufers geliefert hat.

5 Bei den Rücksendungen von Auswahlsendungen ist § 447 BGB nicht analog anzuwenden, d. h. die Auswahlsendung reist bei ihrer Rücksendung nicht auf Gefahr des Verkäufers, sondern auf Gefahr des Käufers. Zu einem Vertrag über eine Auswahlsendung gehört auch die Rücksendung der Ware an den Verkäufer. Es handelt sich hier also um eine Verpflichtung aus dem Lieferungsvertrag, für den § 1 EB gerade als Erfüllungsort den Ort der Handelsniederlassung des Verkäufers bestimmt (Gutachterkreis 14. 1. 1975).

6 Bezüglich der Gefahrtragung bei Lieferfristüberschreitungen vgl. § 6 EB Anm. 17.

7 Gemäß der Regelung des Versendungskaufs in § 447 BGB geht die Gefahrtragung für die gekaufte Ware, d. h. die Gefahr des zufälligen Untergangs und einer zufälligen Verschlechterung der Ware, auf den Käufer über, sobald der Verkäufer die Sache am Erfüllungsort – dem Ort seiner Handelsniederlassung – dem Spediteur, dem Frachtführer oder der sonst zur Ausführung der Versendung bestimmten Person oder Anstalt (Post oder Bahn) ausgeliefert hat. Das hat gleichzeitig zur Folge, daß der Käufer die sog. Preisgefahr trägt, also den Kaufpreis auch dann in voller Höhe zahlen muß, wenn die Ware ohne Verschulden des Verkäufers auf dem Transport beschädigt wird oder untergeht.

8 Die Ware muß einem geeigneten Spediteur oder Frachtführer zum Versand oder zur Beförderung übergeben werden. Erfolgen keine besonderen Anweisungen des Käufers, so ist der Verkäufer in der Wahl des Versandunternehmens frei, wobei er jedoch für die Sorgfalt eines ordentlichen Kaufmanns einzustehen hat (§ 347 HGB). Bei der Wahl hat der Verkäufer nach Treu und Glauben eine angemessene Versandart zu wählen. Hat der Käufer dagegen besondere Anweisungen erteilt und weicht der Verkäufer ohne dringenden Grund von der Anweisung ab, so ist der Verkäufer dem Käufer für den daraus entstehenden Schaden verantwortlich (§ 447 Abs. 2 BGB). Eine Abweichung von der Art der Versendung, die der Käufer vorgeschrieben hat, ändert nichts am Gefahrübergang (Palandt § 447 BGB Anm. 7). Für den Beförderungsschaden haftet der Verkäufer nicht, wenn für das Abweichen von den Weisungen des Käufers ein dringender Grund vorlag, z. B. weil ihm die Befolgung der erteilten Anweisung wegen der damit verbundenen ungewöhnlichen Schwierigkeiten nicht zuzumuten ist. Ist der Verkäufer ohne dringenden Grund von der Anweisung des Käufers abgewichen, so haftet er doch nicht schlechthin für Beförderungsschäden, sondern nur soweit der Schaden durch die abweichende Beförderung entstanden wäre.

Liegt eine offenbare Unzweckmäßigkeit einer Versandanweisung vor, so kann sich daraus für den Verkäufer die Verpflichtung ergeben, den Käufer darauf aufmerksam zu machen (Palandt aaO).

9 Der Verkäufer hat auch bei schuldhaft falscher Versendung der Ware durch sein Personal für den entstandenen Schaden einzustehen. Hat der Fahrer des von ihm beauftragten Fuhrunternehmens bei der Verladung mitgeholfen, muß der Verkäufer für ihn als Erfüllungsgehilfen einstehen (OLG Karlsruhe BB 1975/537).

Da bei berechtigten Retouren Erfüllungsort der Ort ist, an dem sich die Ware befindet (vgl. Anm. 4), trägt der Verkäufer auch die Gefahr des Untergangs oder der Beschädigung der Ware auf dem Weg zum Erfüllungsort zu seiner gewerblichen Niederlassung. 10
Schickt also der Käufer bei berechtigten Retouren die Ware an den Verkäufer zurück, so treffen ihn insoweit die gleichen Verpflichtungen wie den Verkäufer bei Erfüllung des ursprünglichen Kaufvertrags.

Wird die Ware mit dem eigenen Fahrzeug des Verkäufers ausgeliefert, bleibt die Transportgefahr bis zur Auslieferung an den Käufer beim Verkäufer, da die verkaufte Ware nicht einem Spediteur, Frachtführer oder sonst mit der Ausführung der Versendung bestimmten Person oder Anstalt ausgeliefert wurde, sich also noch im Gefahrenbereich des Verkäufers befindet; a. A. OLG Nürnberg BB 1968, 354 u. GemKom § 1 Anm. 3d, die aus § 347 HGB, wonach der Verkäufer bei der Erfüllung seiner Versendungspflicht die Sorgfalt eines ordentlichen Kaufmanns anzuwenden hat, folgert, daß die Gefahr auf den Käufer mit der Aufladung der Ware auf das firmeneigene Fahrzeug übergehe. 11

Streitig ist es, ob die Transportgefahr auch dann beim Käufer liegt, wenn der Verkäufer die Ware von einem anderen Ort als dem Erfüllungsort, z. B. von einem Zweigwerk oder Auslieferungslager, abschickt. Sofern nicht dieser Transport ein besonderes Risiko in sich birgt, das die Transportgefahr erhöht, ist in der Regel davon auszugehen, daß die Bestimmungen der § 447 BGB, § 1 EB analog zur Anwendung kommen. In diesem Fall ist also der Versendungsort der Ware als Erfüllungsort für die Übergabe der Ware zu behandeln, sofern nichts anderes vereinbart wurde. 12

Für die Einheitsbedingungen regelt § 4 Abs. 1 und 2 EB, daß die Lieferung ab Fabrik oder auswärtigem Lager erfolgen kann, woraus zu schließen ist, daß auch bei Lieferung von einem Auslieferungslager der Gefahrenübergang gem. § 447 BGB erfolgt. 13

Über die bei Auseinanderfallen von Erfüllungsort und Versendungsort seitens des Verkäufers unter Umständen bestehende Aufklärungspflicht vgl. § 4 EB Anm. 4. 14

Gefahrenübergang ist nicht mit dem Eigentumsübergang gleichzusetzen; obwohl die Ware auf Gefahr des Käufers reist, ist der Verkäufer, noch Eigentümer. Er ist allerdings zur Eigentumsübertragung aufgrund des Kaufvertrags verpflichtet. Tritt auf dem Transportweg ein Schaden ein, so ergibt sich aus der Verpflichtung des Verkäufers zur Eigentumsübertragung die weitere Verpflichtung, den Transportschaden des Klägers geltend zu machen. Das ist die sog. Gefahrenentlastung (Palandt Vorb. § 249 Anm. 6b), d. h. der Verkäufer muß den durch Verlust oder Beschädigung der Ware entstandenen Schaden gegenüber dem Beförderer für den Käufer geltend machen. Ersetzt verlangt werden kann jedoch nur der objektive Schaden, z. B. der Verkaufswert der Ware (BGHZ 229, 361). 15

Der Verkäufer hat grundsätzlich auch vereinbarte Lieferfristen eingehalten, wenn er die Ware am Erfüllungsort fristgerecht zur Verfügung hält bzw. bei dem in der Branche üblichen Versendungskauf dem Frachtführer übergibt. Wegen der Problematik der rechtzeitigen Erfüllung innerhalb der Nachlieferungsfrist vgl. § 6 EB Anm. 16. 16

17 Am Erfüllungsort, d. h. am Ort der Handelsniederlassung des Verkäufers, hat auch der Käufer seine Leistung, nämlich die Zahlung des Kaufpreises, zu erbringen. Der Käufer muß diese Verpflichtung aus dem Kaufvertrag so rechtzeitig vornehmen, daß das Geld termingerecht am Erfüllungsort eintrifft. Abweichend hiervon bestimmt § 8 Abs. 10 EB, daß es für die Fristwahrung genügt, wenn die Zahlungsanweisungen einen termingerechten Postabgangsstempel tragen. Ein Post-, Bar- oder Verrechnungsscheck muß also spätestens am Fälligkeitstag abgeschickt und abgestempelt sein. Es ist dann gleichgültig, wann der Scheck beim Empfänger eintrifft und dieser aufgrund des Schecks eine Gutschrift auf seinem Konto erhält. Geht der Scheck auf dem Weg zum Verkäufer verloren, so liegt eine Leistung des Käufers nicht vor. Bei Banküberweisungen gilt der Vortag der Gutschrift der Bank des Verkäufers als Tag der Abfertigung der Zahlung.

18 Der Erfüllungsort ist nicht identisch mit den geographischen Ortsbezeichnungen; er ist eben nur der Wohnsitz oder der Ort der gewerblichen Niederlassung des Verkäufers. In einer Großstadt mit mehreren Ortsteilen oder Stadtbezirken ist somit nur der jeweilige Ortsteil oder Stadtbezirk, d. h. die dort befindliche Niederlassung des Verkäufers, als Erfüllungsort im Sinne von § 269 BGB, § 1 EB anzusehen. Sollen die Lieferungen von einem Stadtteil in den anderen erfolgen, so gilt die Regelung des § 447 BGB, d. h. auch in diesem Falle reist die Ware auf Gefahr des Käufers.

19 Die Versicherung gegen Verlust und Beschädigung obliegt dem Käufer, da die Gefahr des Versandes zu seinen Lasten geht. Wenn nichts Gegenteiliges vereinbart oder üblich ist, kann also die Ware vom Lieferanten unversichert abgesandt werden. Dem entspricht § 4 Abs. 6 EB.

§ 2 Gerichtsstand

Gerichtsstand (auch für Wechsel- und Scheckklagen) ist der Ort der Handelsniederlassung des Klägers oder der Sitz seiner zuständigen Fach- oder Kartellorganisation. Das zuerst angerufene Gericht ist zuständig.
Durchführungsbestimmung der Deutschen Wirker- und Stricker-Konvention und der Konventionen der Deutschen Seidenstoff- und Samtfabrikanten, der Deutschen Futterstoffwebereien und der Deutschen Schirmstoffwebereien:
Verkäufer, die die Ware vom Ausland aus berechnen, können am Ort ihrer inländischen Handelsniederlassung oder am Sitz ihrer zuständigen Fach- oder Kartellorganisation klagen.

Diese Vorschrift bringt für Verkäufer und Käufer gleiche prozessuale Voraussetzungen. Nach den früheren Lieferungsbedingungen galt lediglich der Ort der Niederlassung des Verkäufers als Gerichtsstand vereinbart, während der Ort der Niederlassung des Abnehmers als Gerichtsstand ausgeschlossen war. Hier haben die Einheitskonditionen eine Änderung herbeigeführt, wonach der Ort der Niederlassung des Klägers der vereinbarte Gerichtsstand ist, d. h., wer klagt, bestimmt das örtlich zuständige Gericht. 1

Nach § 29 ZPO ist für Streitigkeiten aus einem Vertragsverhältnis und über dessen Bestehen das Gericht des Erfüllungsortes grundsätzlich zuständig. 2
Nach § 29 Abs. 2 ZPO begründet eine Vereinbarung über den Erfüllungsort die Zuständigkeit nur, wenn die Vertragsparteien Vollkaufleute, juristische Personen des öffentlichen Rechts oder öffentlich-rechtliche Sondervermögen sind.
Ein Lieferant oder ein Abnehmer, der nicht zu diesem genannten Personenkreis gehört, kann also keine Gerichtsstandsvereinbarung treffen, auch nicht durch Verweis auf die Einheitsbedingungen. Für solche Personen ist eine Gerichtsstandsvereinbarung nur zulässig, wenn sie ausdrücklich und schriftlich nach dem Entstehen der Streitigkeit oder für den Fall geschlossen wird, daß Ansprüche im Wege des Mahnverfahrens geltend gemacht werden (§ 38 Abs. 3 ZPO). Aber auch diese Gerichtsstandsvereinbarung für das Mahnverfahren (Antrag auf Erlaß eines Mahnbescheids) gilt nur solange, wie der Schuldner keinen Widerspruch erhebt. Erhebt er Widerspruch, so verweist das Gericht von Amts wegen den Rechtsstreit ohne mündliche Verhandlungen an das Gericht, bei dem der Schuldner seinen allgemeinen Gerichtsstand hat (§ 696a ZPO).
Dagegen bleibt es für Vollkaufleute bei der Möglichkeit der Gerichtsstandvereinbarung gemäß § 2 EB. Vollkaufleute sind alle im Handelsregister eingetragenen Einzelfirmen, Offene Handelsgesellschaften, Kommanditgesellschaften und die juristischen Personen, wie die Gesellschaft mit beschränkter Haftung, die Aktiengesellschaft, die Genossenschaft, die Kommanditgesellschaft auf Aktien usw. Bezüglich der Abgrenzung zwischen Voll- und Minderkaufleuten vgl. § 4 HGB.

3 Hat mindestens eine der Vertragsparteien keinen allgemeinen Gerichtsstand im Inland und sind die Voraussetzungen für die Anwendung von § 2 EB nicht gegeben, so kann innerhalb der Europäischen Gemeinschaft die Zuständigkeit eines Gerichts des ersten Rechtszugs vereinbart werden. Die Vereinbarung muß schriftlich abgeschlossen oder, falls sie mündlich getroffen wird, schriftlich bestätigt werden (EuGH, NJW 1977, 494). Hat eine der Parteien einen inländischen allgemeinen Gerichtsstand, so kann für das Inland nur ein Gericht gewählt werden, bei dem dieses Partei ihren allgemeinen Gerichtsstand hat, oder ein besonderer Gerichtstand – wie der des Erfüllungsorts – begründet ist. Hier genügt mithin nicht lediglich ein Hinweis auf die Einheitsbedingungen, und zwar auch dann nicht, wenn die Parteien Vollkaufleute sind. Es muß in jedem einzelnen Vertrag die erwähnte schriftliche Regelung erfolgen. Für die Mitgliedstaaten der Europäischen Gemeinschaft vgl. das Übereinkommen über die gerichtliche Zuständigkeit und die Vollstreckung gerichtlicher Entscheidungen in Zivil- und Handelssachen (BGBl II 1972, 773).

4 Außer dem Ort der Handelsniederlassung des Klägers kann auch der Sitz seiner zuständigen Fach- oder Kartellorganisation als Gerichtsstand in Betracht kommen. Unter Fachorganisationen sind die berufsständigen Wirtschaftsfachverbände zu verstehen, so z. B. der Bundesverband des Deutschen Textileinzelhandels e. V. mit Sitz in Köln auf seiten der Käufer oder die jeweiligen Fachverbände der Bekleidungsindustrie seitens der Verkäufer. Voraussetzung ist jedoch in jedem Fall, daß Käufer oder Verkäufer Mitglied dieser Fachorganisation ist. Die Notwendigkeit der Mitgliedschaft des Klägers ergibt sich aus der Verwendung des Possessivpronomens »seiner« im Wortlaut der Einheitsbedingungen. Nichtmitgliedern ist dieser Gerichtsstand also verwehrt, es sei denn, daß er gesondert vereinbart wurde.
Keine Fachorganisationen im Sinne dieser Bestimmungen sind Einkaufsverbände, Industrie- und Handelskammern sowie Erfahrungsaustauschgruppen oder Werbegemeinschaften.
Unter Kartellorganisationen sind die Kartellkonventionen der Industrie, also die Trägerkartelle der EB, wie sie im Kartellregister des Bundeskartellamts eingetragen sind, zu verstehen.
Die in § 2 EB niedergelegte Gerichtsstandsklausel ist auch nicht unklar oder mehrdeutig. Es ist unbeachtlich, daß der Sitz der zuständigen Fach- oder Kartellorganisation bei Vertragsabschluß nicht bekannt ist (vgl. OLG Düsseldorf, Urt. v. 11. 3. 1974 – Az.: VI 0 197/73).

5 Aus der Regelung, daß das zuerst angerufene Gericht als »zuständig« anzusehen ist, muß gefolgert werden, daß für das jeweilige Vertragsverhältnis die Zuständigkeit eines anderen Gerichts nicht mehr gegeben ist. Weitere Klagen, die den gleichen Prozeßgegenstand betreffen, können also nur noch vor dem zuerst angerufenen Gericht ausgetragen werden. Es ist mithin nicht angängig, daß der Beklagte seine Einwendungen in Form einer neuen Klage vor ein anderes Gericht bringt. Er kann diese in Form einer Widerklage vor demselben Gericht geltend machen. § 2 EB hat die Wirkung, daß nach Anrufung eines Gerichts gemäß § 261 ZPO die Einrede der Rechtshängigkeit durchgreift, mit der ein Prozeß vor einem anderen Gericht vereitelt werden kann.

Wurden zwischen Lieferanten und Abnehmern die Einheitskonditionen nicht vertraglich vereinbart, so kann auch der Gerichtsstand – ähnlich wie die übrigen Bedingungen – vertraglich festgelegt werden. Ein Hinweis auf den Gerichtsstand in den Rechnungsformularen genügt nicht. Eine Ausnahme gilt nur bei lang bestehender Geschäftsverbindung, wenn ein Partner auf seinen Rechnungen immer wieder den deutlichen Vermerk anbringt, für Prozesse sei das von ihm genannte Gericht zuständig. Wenn der Empfänger vermeiden will, daß der Inhalt dieses Vermerks Vertragsbestandteil wird, dann muß er solchen Rechnungen nach dem Grundsatz von Treu und Glauben widersprechen. 6

Bei Wechsel- und Scheckzahlungen bleibt es bei § 2 EB. Insofern ist die Priorität gegenüber §§ 603, 605a ZPO gegeben. 7

Ist eine Gerichtsstandsvereinbarung zwischen den Parteien nicht rechtswirksam zustandgekommen, so gelten die allgemeinen Gerichtsstände der Zivilprozeßordnung. Unter mehreren zuständigen Gerichten hat der Kläger die Wahl (§ 35 ZPO). 8

Wird eine Kaufpreisforderung an die fachlich zuständige Treuhandgemeinschaft abgetreten, so kann diese Treuhandgemeinschaft an dem für ihren Wohnsitz örtlich zuständigen Gericht klagen. Diese Prozeßführungsbefugnis war früher gelegentlich dem Zessionar, dem die Forderung nur zum Inkasso abgetreten worden war, bestritten worden, da die gerichtliche Geltendmachung durch den Inkassozessionar nicht in seinem eigenen Interesse liege, sondern allein im Interesse des Zedenten. Dem ist der BGH (NJW 1980, 991) entgegengetreten: es sei nicht zu prüfen, ob der Inkassozessionar ein besonderes eigenes rechtliches Interesse an der Geltendmachung der Forderung habe, da nach außen nicht mehr der Zedent Gläubiger der Forderung sei, sondern der Inkassozessionar. Dieser klage aus eigenem Recht und nicht in gewillkürter Prozeßstandschaft. Eine solche Inkassozession verstoße auch nicht gegen ein gerichtliches Verbot, da sich berufsständische Organisationen nach Art. 1 § 7 RBergG ohne behördliche Erlaubnis Forderungen ihrer Mitglieder übertragen lassen und diese einklagen dürften. 9

§ 3 Vertragsinhalt

(1) Alle Verkäufe werden nur zu bestimmten Lieferungsterminen, Mengen, Artikeln und Qualitäten (und festen Preisen) abgeschlossen. Hieran sind beide Parteien gebunden.
(2) Blockaufträge sind jedoch zulässig. Diese können in Durchführungsbestimmungen geregelt werden.
(3) Umdispositionen im Rahmen des erteilten Auftrags sind nur in beiderseitigem Einverständnis zulässig. Das Nähere kann in Durchführungsbestimmungen geregelt werden. Darüber hinaus wird eine Streichung von Aufträgen nicht vorgenommen.
Zusatzbestimmung der Deutschen Tuch- und Kleiderstoff-Konvention:
Kostenfrei werden bei oder nach Vertragsabschluß geliefert:
und gleichzeitiger Ersatz durch Umdisponierung durch den Käufer ist gestattet insoweit die Aufträge noch nicht gedruckt sind. Der Gesamtwert des Auftrags muß jedoch der gleiche bleiben.
Zusatzbestimmung der Deutschen Tuch- und Kleiderstoff-Konvention:
Kostenfrei werden bei oder nach Vertragsabschluß geliefert:
a) zweimal in jeder Saison von jedem Muster und jeder Farbenstellung ein Musterabschnitt im Einheitsformat von 14 x 23 cm; in anderen Formaten werden Gratismuster nicht abgegeben. (Die Bestimmungen über Submissionen werden hierdurch nicht berührt.)
b) ein Gegenmuster in der Größe von 4 x 7 cm.
Außerordentliche Aufmachungen (d. h. andere Aufmachungen als zusammengeheftete Muster mit einfachen Schildchen) sowie die Abgabe von geschnittenen Kollektionen werden besonders berechnet.
Durchführungsbestimmung der Deutschen Tuch- und Kleiderstoff-Konvention:
Blockaufträge sind zulässig und müssen bei Vertragsabschluß befristet werden. Die Abnahmefrist darf höchstens 12 Monate betragen. Die Frist zur Einleitung muß bei Vertragsabschluß vereinbart werden.
Durchführungsbestimmung der Deutschen Wirker- und Strickerkonvention und der Konventionen der Deutschen Seidenstoff- und Samtfabrikanten, der Deutschen Futterstoffwebereien und der Deutschen Schirmstoffwebereien:
Ist die nähere Bestimmung über Farbe, Breite, Qualität oder ähnliche Verhältnisse dem Käufer vorbehalten, so muß die Frist für die Bestimmung bei Vertragsabschluß vereinbart werden.

---

1 »Bestimmte Liefertermine« bedeutet, daß alle Verkäufe zu bestimmten oder bestimmbaren kalendermäßigen Tagesdaten getätigt werden müssen. Das gilt insbesondere im Hinblick auf die Fristenregelung in § 6 EB. Wird z. B. »Lieferung April« vereinbart, so kann im Laufe des Aprils geliefert werden; letzter Lieferungstermin ist der 30. April.

2 Die in der Praxis hin und wieder verwendete Klausel »Lieferung sofort« bedeutet, daß der Schuldner so schnell, wie er nach den Umständen dazu in der Lage ist, leisten muß. Hier wird also nur auf objektive Maßstäbe abgestellt, im Gegensatz zu dem Begriff »unverzüglich«, der nach § 121 BGB ohne schuldhaftes Zögern bedeutet, also auch auf subjektive Maßstäbe abstellt.

Wurde kein Liefertermin vereinbart und ergibt er sich auch nicht aus anderen Umständen, so ist nach § 271 Abs. 1 BGB sofort zu leisten. 3

Die Klausel »von diesem Auftrag dürfen nicht mehr als 10 % in der Nachlieferungsfrist ausgeliefert werden; weicht ihre Auftragsbestätigung hiervon ab, so gilt der ganze Auftrag als nicht erteilt«, verstößt gegen die Einheitskonditionen, da sie einer Fixstellung der Lieferung gleichzusetzen ist. Die Klausel »von diesem Auftrag dürfen nicht mehr als 5 % in den letzten Tagen vor dem Endtermin ausgeliefert werden; weicht ihre Auftragsbestätigung hiervon ab, so gilt der ganze Auftrag als nicht erteilt«, ist in dieser Form gemäß § 3 Abs. 1 EB unzulässig, da es an bestimmten Lieferterminen fehlt. Die Klausel ist hingegen zulässig, wenn für die einzelnen Liefermengen (5 % und 95 %) bestimmte Liefertermine vereinbart werden (Gutachterkreis am 14. 1. 1975).

Wird eine Lieferspanne vereinbart (z. B. 1. 3. bis 1. 6.), so kann die Lieferung innerhalb dieser Spanne jederzeit erfolgen mit der Maßgabe, daß die Zahlung sich gemäß § 8 EB nach der jeweiligen Lieferung richtet. Ist eine solche Lieferspanne vereinbart, hat der Lieferant seine Verpflichtungen erfüllt, wenn er die Ware am letzten Tag dieser Lieferspanne bereitstellt (vgl. Anm. 1). 4

Wird dagegen ein fester Liefertermin vereinbart (z. B. Lieferung 31. 3.), so hat der Käufer bei vorzeitiger Lieferung das Recht, das Rechnungsdatum auf den 31. 3. hinauszuschieben, es sei denn, daß der Käufer mit der vorzeitigen Lieferung einverstanden ist.

Auch müssen im Vertrag die Mengen, Artikel und Qualitäten genau umrissen werden. Abweichungen davon dürfen ohne Einverständnis des Käufers nicht vorgenommen werden. Das besagt nicht, daß Blockaufträge bzw. Spezifikationskäufe im Sinne von § 375 HGB unzulässig sind. Allerdings muß die Frist zur Spezifizierung bei Vertragsabschluß vereinbart werden. Die Durchführungsbestimmungen der Deutschen Wirker- und Strickerkonvention, der Konventionen der Deutschen Seidenstoff- und Samtfabrikanten, der Deutschen Futterstoffwebereien und der Deutschen Schirmstoffwebereien zu § 3 EB sehen dies ausdrücklich vor. 5

Zum Problem der Mehr- oder Minderlieferungen s. § 7 Anm. 7. 6

In dem dem Bundeskartellamt erstmalig von der Konvention der Deutschen Seidenstoff- und Samtfabrikanten vorgelegten Wortlaut der neuen Einheitskonditionen war vorgesehen, daß alle Verkäufe auch zu »festen Preisen« abgeschlossen werden müssen. Gegen diese Formulierung »zu festen Preisen« erhob das Bundeskartellamt Bedenken, die dazu führten, daß diese Worte zunächst gestrichen und in einem gesonderten Verfahren in Form einer Ergänzungsanmeldung der Behörde wieder vorgelegt und von dieser schließlich genehmigt wurden. Jedoch haben die Kartelle der Bekleidungsindustrie und einige der Textilindustrie von dieser Ergänzungsanmeldung keinen Gebrauch gemacht, so daß der Text der Einheitsbedingungen insoweit unterschiedlich ist. 7

Die Festpreisklausel soll den Grundsatz der Vertragstreue festigen. Nach Ansicht des Bundeskartellamts handelt es sich hier nicht um eine Kondition, die sich auf Preise oder Preisbestandteile bezieht; vielmehr lasse diese Re-

gelung den Wettbewerb unberührt, da die Lieferanten ihre Preise bis zum Vertragsabschluß frei gestalten könnten und nach diesem Zeitpunkt der Preiswettbewerb bereits beendet sei. Die Behörde hat lediglich folgende Einschränkung gemacht:
Sollte es zu Verträgen kommen, die eine längere Laufzeit als 6 Monate haben, so könnte u. U. die Berufung auf die Festpreisklausel als mißbräuchlich im Sinne des Kartellgesetzes angesehen werden. Dem müsse der Kartellverband gegebenenfalls Rechnung tragen.

8 Auch bei den Kartellen, die nach Abs. 1 nicht zu festen Preisen abschließen müssen, ist jedoch eine Preisgleitklausel nicht üblich. Solche Preisgleitklauseln werden zudem im Einkauf abgelehnt, da der Abnehmer nicht in der Lage ist, unerwartete oder zumindest der Höhe nach nicht vorauszusehende Preissteigerungen des Herstellers von vornherein einzukalkulieren. Es muß Aufgabe des Herstellers sein, rechtzeitig die Kalkulation der Entwicklung anzupassen.

9 Das in den alten Konditionen enthaltene Verbot der Baisse-Klausel (Begrenzung des Kaufpreises der Höhe nach mit dem Recht des Käufers, vom Vertrag zurückzutreten, wenn er von anderer Seite billiger beziehen kann), der Hausse-Klausel (Recht des Verkäufers, vom Vertrag zurückzutreten, wenn er die Ware anderweitig teurer verkaufen kann) und der Option (das meist zeitlich begrenzte Recht, die Ware unter bestimmten Bedingungen und zu einem bestimmten Preis zu kaufen) wurde in die neuen Einheitskonditionen nicht übernommen.
Der Baisse- und Hausse-Klausel steht jedoch das Gebot entgegen, »zu festen Preisen« abzuschließen. Nur bei den Kartellen, bei denen die Festpreisklausel fehlt, ist die Vereinbarung solcher Preisvorbehaltsvereinbarungen zulässig.

10 Ob die Vereinbarung einer Meistbegünstigungsklausel der Vorschrift widerspricht, daß Verkäufe nur zu festen Preisen abgeschlossen werden dürfen, kann dahinstehen, da solche Klauseln nach ständiger Rechtsprechung gemäß § 15 GWB unzulässig sind. So hat der BGH (WRP 1981, 314) einem Schuheinkaufsverband den Gebrauch einer Klausel untersagt, die den Vertragslieferanten verpflichten sollte, der Genossenschaft bzw. ihren Genossen keine ungünstigeren Preise und Bedingungen einzuräumen als anderen Abnehmern, wenn gleiche oder gleichwerte Leistungen erbracht werden. Solche leistungsbezogenen Klauseln hatte das BKartA früher als zulässig angesehen, änderte aber dann seine Rechtsauffassung und wurde darin durch den BGH (aaO) bestätigt, der darin eine unzulässige wirtschaftliche Beschränkung des Vertragspartners sah. Eine solche Beschränkung liege vor, wenn es dem Auftragnehmer zwar rechtlich freigestellt werde, Dritte günstiger zu stellen als den Auftraggeber, er jedoch bei Gebrauch dieser Freiheit mit wirtschaftlichen Nachteilen, die ihm im Verhältnis zum Auftraggeber (vertragsautomatisch) drohen, zu rechnen habe.
Blockaufträge, d. h. Aufträge, die nicht von vornherein fest nach Qualitäten, Formen, Größen und Farben eingeteilt oder bei denen Änderungen vorbehalten sind (Bestimmungs- oder Spezifikationskäufe gem. § 375 HGB), wurden früher nur insoweit zugelassen, als sie in den Durchführungsbestimmungen der Lieferantenorganisationen vorgesehen waren. Nunmehr sind

Blockaufträge grundsätzlich gestattet. Lediglich ihre nähere Regelung kann in Durchführungsbestimmungen der Kartellorganisationen erfolgen (vgl. die oben abgedruckten Durchführungsbestimmungen). Die Möglichkeit des Abschlusses von Blockaufträgen kann zur Reservierung von Kapazitäten für Nachorders seitens des Abnehmers genutzt werden, da die Spezifizierung des Auftrags später erfolgen kann. Sie muß aber auch erfolgen, denn wenn der Käufer damit in Verzug kommt (Mahnung durch den Verkäufer), kann der Verkäufer dieses Spezifizierung selbst vornehmen oder gem. § 326 BGB Schadenersatz wegen Nichterfüllung verlangen oder vom Vertrag zurücktreten. Hat der Verkäufer die Bestimmung selbst vorgenommen, wobei er nach § 315 Abs. 1 BGB nach »billigem Ermessen« (also auch unter Berücksichtigung des Interesses des Käufers) vorzugehen hat, so muß er diese Spezifizierung dem Käufer mitteilen und ihm zugleich eine angemessene Frist zur Vornahme einer anderweitigen Bestimmung setzen. Erst wenn der Käufer diese Frist ungenutzt verstreichen läßt, ist die vom Verkäufer getroffene Spezifizierung maßgebend. 11

Grundsätzlich sind beide Parteien an den Vertragsinhalt gebunden. Umdispositionen im Rahmen des erteilten Auftrags dürfen nicht einseitig vorgenommen werden, sondern sind nur in beiderseitigem Einverständnis zulässig. Eine Streichung von Aufträgen kann auch dann nicht verlangt werden, wenn gleichzeitig ein neuer Auftrag erteilt wird. 12

§ 4 Lieferung

(1) Die Lieferung der Ware erfolgt ab Fabrik. Die Versandkosten trägt der Käufer.
(2) Bei Lieferung ab auswärtigem Lager wird die Fracht ab Fabrik berechnet; statt dessen kann ein pauschalierter Lagerzuschlag in Rechnung gestellt werden.
(3) Bei Bahnversand wird Rollgeld bzw. Flächenfracht von der Fabrik zum Stückgutbahnhof nicht berechnet. Käufer, die ihre Handelsniederlassungen am Ort des Verkäufers haben, bezahlen keine Transportkosten; ebensowenig werden die Transportkosten von einem Auslieferungslager zum Käufer am Ort des Auslieferungslagers in Rechnung gestellt.
(4) Verpackung wird nur berechnet, soweit der Versand in Kisten erfolgt oder eine Spezialverpackung vom Käufer gewünscht wird. Bei frachtfreier Zurücksendung der Kisten in brauchbarem Zustand innerhalb von zwei Monaten wird der für sie in Rechnung gestellte Wert wieder gutgeschrieben. Bei Verwendung von Leihbehältern trägt der Käufer die Frachtkosten, der Verkäufer die Mietkosten.
(5) Unsortierte Teilsendungen sind nur mit Zustimmung des Käufers statthaft.
(6) Die Ware ist unversichert zu versenden, wenn nichts anderes vereinbart ist.
(7) Wenn infolge des Verschuldens des Käufers die Abnahme nicht rechtzeitig erfolgt, so steht dem Verkäufer nach seiner Wahl das Recht zu, nach Setzung einer Nachfrist von 10 Tagen entweder eine Rückstandsrechnung auszustellen oder vom Vertrage zurückzutreten oder Schadenersatz zu verlangen.
Durchführungsbestimmung der Konventionen der Deutschen Seidenstoff- und Samtfabrikanten, der Deutschen Futterwebereien und der Deutschen Schirmstoffwebereien:
Bestellte Auswahl- und Ansichtssendungen gelten als angenommen, wenn sie nicht innerhalb 10 Tagen, vom Tage des Eintreffens beim Käufer an gerechnet, gebührenfrei abgesandt werden.
Zusatzbestimmung der Stoffdruck-Konvention:
Bei Lieferung bedruckter Ware sind unsortierte Teilsendungen ohne Zustimmung des Käufers nur insoweit zulässig, als die fehlende Sortierung technisch bedingt ist und die an einer vertragsgerechten Sortierung fehlende Ware nur einen verhältnismäßig unbedeutenden Teil ausmacht.

---

1 Die Regelung in Abs. 1 Satz 1, daß der Käufer die Versandkosten zu tragen hat, entspricht § 448 Abs. 1 BGB, wonach der Käufer mit den Kosten der Versendung der Ware nach einem anderen Ort als dem Erfüllungsort zu belasten ist. Nach § 1 EB ist Erfüllungsort der Ort der Handelsniederlassung des Verkäufers (vgl. aber auch § 1 EB Anm. 12). Die Transportgefahr geht also auf den Käufer über, wenn die Ware ab Fabrikationsort (oder ab auswärtigem Lager nach Abs. 2) zum Versand kommt.

Eine Pauschalierung der Versandkosten durch den Verkäufer ist nicht zulässig. Dies folgt aus Abs. 2, wonach eine Pauschalierung nur bei Lieferung ab auswärtigem Lager zulässig ist (Gutachterkreis am 14. 1. 1975). 2

Da der Käufer die Versandkosten zu tragen hat, muß es ihm auch freistehen, grundsätzlich die Versandart zu bestimmen. Der Käufer braucht sich nicht einen relativ teuren Versand aufzwingen zu lassen; er kann also bei Auftragserteilung die von ihm gewünschte Versandart angeben. Weicht der Lieferant von dieser Anweisung des Käufers eigenmächtig ab, so macht er sich nach § 447 Abs. 2 BGB schadenersatzpflichtig. Gibt der Käufer bei Auftragserteilung keine Versandart an und überläßt die Versandart dem Verkäufer, so muß er die Kosten für die vom Verkäufer gewählte Versandart tragen. Der Verkäufer hat allerdings nach dem allgemeinen Grundsatz von Treu und Glauben eine angemessene Versandart zu wählen; er kann z. B. nicht ohne weiteres Luftfracht wählen (vgl. auch § 1 Anm. 8). 3

Weichen Erfüllungsort und Fabrikationsort voneinander ab, so sind grundsätzlich die Kosten vom Fabrikationsort zum Abnehmer die Versandkosten. Es kommt dann nicht auf den Erfüllungsort oder den Ort der Handelsniederlassung des Verkäufers an. In gravierenden Fällen, d. h. dann, wenn die Entfernung zwischen dem Ort der Handelsniederlassung oder dem Erfüllungsort und dem Fabrikationsort nicht unbedeutend und damit für den Käufer die Versandkostenbelastung erheblich ist, kann eine Offenbarungspflicht des Verkäufers aufgrund kaufmännischer Gepflogenheiten angemessen sein (Gutachterkreis am 21. 2. 1967). 4

Wird Ware an verschiedenen Fabrikationsorten hergestellt, von denen nur einer am Sitz der Handelsniederlassung des Verkäufers liegt, so müssen grundsätzlich die Frachtkosten von den verschiedenen Fabrikationsorten des Verkäufers aus unterschiedlich berechnet werden. Darf der Käufer nach den Umständen des Einzelfalls davon ausgehen, daß Erfüllungsort und Fabrikationsort identisch sind, so besteht für den Verkäufer bei Vertragsabschluß eine Aufklärungspflicht, falls er die Fracht von einem anderen Ort aus berechnen will (Gutachterkreis am 30. 4. 1969). In den letzten Jahren sind Fabrikanten vielfach dazu übergegangen, an anderen Orten als dem Hauptsitz des Unternehmens Zweigbetriebe zu errichten und die Ausführung der erteilten Orders aus produktionstechnischen Gründen auf verschiedene Zweigbetriebe zu verteilen. Die Berechnung der Frachtkosten beim Versand von diesen Zweigbetrieben aus, die räumlich erheblich vom Hauptsitz entfernt sein können, sollte bei einer Neuregelung der Einheitskonditionen Berücksichtigung finden. 5

Versandkosten sind nur die Kosten, die durch den Transport der Ware von einem Ort an einen anderen Ort entstehen. Zur Verpflichtung des Verkäufers bei einem Versendungsverkauf gehört aber auch der Abschluß aller nötigen Verträge für die Versendung. Der Verkäufer kann dem Käufer auch keine Kosten aufbürden, die dadurch entstehen, daß Warenbegleitscheine ausgestellt werden müssen. Das Versandfertigmachen, das alle Voraussetzungen des Versendens umfaßt, ist ausschließlich Sache des Verkäufers. Deshalb gehört die mit der Beschaffung von Warenbegleitscheinen verbundene Arbeit zu dem Tätigkeitskomplex, der für die Herstellung der Versandfertigkeit notwendig ist. 6

So wie ein Frachtbrief oder wie sonstige Transportpapiere, die vom Lieferanten ausgefertigt oder beschafft werden müssen, ist von ihm auch ein notwendiger Warenbegleitschein zu erwirken. Wenn der Absender insoweit diese zur Herstellung der Versandfertigkeit notwendige Arbeit einem Dritten, z. B. dem Spediteur, überträgt, so ändert das nichts daran, daß es sich dabei um eine Angelegenheit der Versandfertigkeit handelt. Die Gebühr, die der Spediteur für die ihm übertragene Tätigkeit verlangt, ist jedenfalls nicht Bestandteil der Versandkosten. Daraus ergibt sich, daß nach § 4 EB nicht der Abnehmer, sondern der Absender diese vom Spediteur in Rechnung gestellten Gebühren zu tragen hat (vgl. in diesem Zusammenhang auch Mitteilungsblatt der IHK Osnabrück, Ausgabe Mai 1964: Wie bei allen Begleitpapieren ist der Auftraggeber (Absender) verpflichtet, auch die Warenbegleitscheine im Berlin-Verkehr zu beschaffen; aA GemKom § 4 Anm. 4; LG Berlin Urt. v. 3. 10. 1952 Az.: 51 0 333/52 für den Fall, daß der Spediteur vom Käufer in Berlin beauftragt wurde, Ware vom Verkäufer in Westdeutschland zu holen).

7 Auswahlsendungen (Sendungen, die gekauft werden können – Gutachterkreis am 29. 4. 1969) gehen frachtmäßig zu Lasten des Verkäufers. Für die hiervon gekauften Teile hat der Käufer die Fracht zu zahlen. Wegen der Gefahrtragung auf dem Versandweg vom Verkäufer zum Käufer und vom Käufer zum Verkäufer vgl. § 1 EB Anm. 4.

8 Auch für vereinbarte Mustersendungen (Sendungen, nach denen bestellt werden soll, ohne daß die Kollektionsteile selbst gekauft werden können) hat der Anbietende – also der Verkäufer – die Fracht zu entrichten. Wenn der Verkäufer dem Käufer Muster übergibt, dann sind diese vom Käufer auf Kosten des Verkäufers an diesen zurückzusenden. Dies folgt – ebenso wie bei der Auswahlsendung – aus der Tatsache, daß ein Kaufvertrag noch nicht zustandegekommen ist, so daß für den Erfüllungsort § 1 EB gilt. Das bedeutet, daß sowohl bei Mustersendungen wie bei Auswahlsendungen die Versendungs- und Preisgefahr beim Verkäufer verbleibt.

9 Werden Auswahl- oder Mustersendungen ohne Aufforderung zugeschickt, so begründet das keine Handlungspflicht für den Empfänger. Er braucht also die Ware nicht zurückzuschicken.

10 Bei der Erstellung der Einheitskonditionen sollte ein Äquivalent für die Fracht ab Fabrik zum Lager gewährleistet werden, wie es auch in Abs. 2 Satz 1 festgelegt ist. Es wäre daher besser gewesen, von einem pauschlierten Vorfrachtkostenzuschlag zu sprechen. Kosten, die die Lagerung der Ware betreffen, müssen in der Kalkulation berücksichtigt werden. Dieser »Lagerzuschlag« darf die Versandkosten vom Fabrikationsort oder Erfüllungsort zum Auslieferungslager nicht übersteigen. Es soll lediglich für die Vorfracht eine Entschädigung gewährt werden.

11 Deshalb ist die vielfach zu beobachtende Praxis nicht richtig, diese Vorfracht mit einem prozentualen Anteil des Warenwertes in Ansatz zu bringen, da der Wert der Ware nicht unbedingt entscheidend für die Höhe der Transportkosten ist: eine reinseidene Damenbluse im Werte von DM 100,– hat dieselben Vorfrachtkosten wie eine baumwollende Damenbluse im Werte von DM 25,–. Richtig wäre es, auf das jeweilige Gewicht oder Volumen der Ware abzustellen, da dies entscheidend für die Höhe der Transportkosten ist. Bei

Bahnversand ist zudem ein Abschlag von den Gesamtkosten für den Weg Fabrik–Stückgutbahnhof zu machen, da nach Abs. 3 der Hersteller das Rollgeld bzw. die Hausfracht/Versand zu tragen hat. (Wegen der Änderung der Terminologie vgl. Anm. 13).

Transportkosten von einem Auslieferungslager zum Käufer am Ort des Auslieferungslagers dürfen gemäß Abs. 3 Satz 3 nicht in Rechnung gestellt werden. Es soll dann vielmehr dieselbe Regelung gelten, als würde der Käufer seinen Sitz am Ort des Verkäufers haben. In diesem Fall würden ja ebenfalls keine Transportkosten für die Lieferung der Ware vom Verkäufer an den Käufer anfallen. Unberührt davon bleiben die Vorfrachtkosten für den Transport der Ware vom Fabrikationsort zum Auslieferungslager. 12

Die Deutsche Bundesbahn hat vor Jahren eine Änderung in ihrem Leistungsangebot und in der Organisation des Stückgutverkehrs vorgenommen. Versandbahnhöfe wurden in großem Umfang geschlossen und Stückgutorte eingerichtet, an denen die Bundesbahn Frachten aufnimmt, um sie über die Straße zu den Stückgutbahnhöfen zu befördern. Mit diesen Maßnahmen will die Bundesbahn ein weiteres Abwandern der Stückgutsendungen von der Schiene auf die Straße verhindern. In diesem Zusammenhang wurde zunächst der Begriff »Flächenfracht« eingeführt, der die Kosten für den Transport der Ware vom Stückgutort zum Stückgutbahnhof umfaßte. Das Rollgeld beinhaltete demnach nur noch den Transport von der Fabrikation zum Stückgutort oder vom Stückgutbahnhof zum Empfänger. Dieser Situation wurde der Text von § 4 Abs. 3 u. § 4a Abs. 1 EB angepaßt. 13

Durch die Zweite Stückgutreform, die am 1. 1. 1976 in Kraft trat, wurde der Begriff Hausfracht eingeführt, und zwar Hausfracht/Versand für die Kosten des Transports von der Fabrik zum Stückbahnhof und Hausfracht/Empfang für die Transportkosten vom Empfangsbahnhof zum Empfänger. Die Begriffe Rollgeld und Flächenfracht sind also durch den Begriff Hausfracht zu ersetzen. Abs. 3 Satz 1 ist also jetzt so zu lesen, daß bei Bahnversand die Hausfracht/Versand nicht berechnet wird, und § 4a Abs. 1 Satz 2 so, daß die Hausfracht/Empfang der Käufer zu zahlen hat.

Daraus, daß grundsätzlich der Abnehmer die Transportkosten zu tragen hat (Abs. 1 Satz 2), erklärt sich auch die weitere Bestimmung im Abs. 3 Satz 2, daß dem Käufer am Erfüllungsort (vgl. hierzu § 1 EB) keine Transportkosten berechnet werden dürfen. Der Erfüllungsort im handelsrechtlichen Sinn ist jedoch nicht identisch mit den geographischen Ortsbezeichnungen (vgl. hierzu § 1 Anm. 18 EB). Wegen der Berechnung von Tansportkosten bei Lieferung ab Auslieferungslager vgl. Anm. 10. So muß, wenn z. B. ein Spediteur für den Transport vom Verkäufer zum Käufer am gleichen Ort eingeschaltet wird, das Rollgeld vom Käufer bezahlt werden; erfolgt hingegen die Versendung per Post am gleichen Ort, so hat der Verkäufer die Postgebühren zu entrichten. Zu beachten ist aber, daß der Käufer die Art der Versendung bestimmen kann, sofern er es nicht überhaupt vorzieht, die Ware vom Lieferanten selbst abzuholen. 14

In Abs. 4 ist in Ergänzung der alten Einheitskonditionen zusätzlich geregelt worden, daß auch bei Verwendung von Leihbehältern (richtig: Mietbehältern) der Käufer die Frachtkosten zu tragen hat, während die Mietkosten den Verkäufer treffen. Unter diese Frachtkosten fallen hier auch die des Rück- 15 transports der Leihbehälter. Für die von der Bundesbahn vermieteten Behälter entstehen in der Regel keine Rückfrachtkosten, da die Kleinbehälter (bis 3 cbm) nicht zurückgeschickt, sondern bei den Empfangsbahnhöfen neu eingesetzt werden. Die großen Collico-Behälter, die vom Verkäufer für bestimmte Mindestzeiten gemietet werden, müssen frachtfrei zurückbefördert werden. Rückfrachtkosten entstehen für den Käufer insbesondere dann, wenn die Ware in verkäufereigenen Behältern zum Versand kommt.

16 Aus der Regelung in Abs. 5, daß unsortierte Teilsendungen nur mit Zustimmung des Käufers statthaft sind, ergibt sich durch Umkehrschluß, daß der Käufer zur Annahme sortierter Teilsendungen verpflichtet ist. Der Gemeinsame Konditionenausschuß des Handels hat den Begriff »sortierte Teillieferung« wie folgt definiert: eine Teillieferung ist sortiert, wenn ein oder mehrere Artikel in ihrer gesamten Sortenbreite verkaufsgerecht zusammengefaßt geliefert werden; die Stückzahl pro einzelner Sorte sollte in angemessenem Verhältnis zum Gesamtauftrag stehen; unter »Artikel« sind jeweils Waren zu verstehen, die in Form und Material gleichartig sind. In der Maschenindustrie ist eine Sendung schon als sortiert anzusehen, wenn sie zwar nur eine Farbe aber alle Größen umfaßt. Die IHK Mannheim hat in einem Gutachten vom 30. 6. 1952 ausgeführt, daß die geschlossene Lieferung eines Auftrags nur bei Lagerware handelsüblich sei, während Ware, die sich noch auf dem Webstuhl oder in der Ausrüstung befinde, stückweise geliefert werde. Zu beachten ist aber, daß solche Teillieferungen, wenn sie ohne Zustimmung des Käufers erbracht werden sollen, sortiert sein müssen. Sind sie nicht sortiert und will der Käufer auf sortierter Teillieferung bestehen, so muß er die Annahme der Ware verweigern, da sonst aus der Annahme seine nach Abs. 5 erforderliche Zustimmung geschlossen werden kann. So sieht es das LG Essen (Urt. v. 11. 7. 1975 – Az.: 46 HO 62/75) als rechtsmißbräuchlich an, wenn der Käufer eine erste Teillieferung unbeanstandet entgegennimmt und sich bei weiteren Teillieferungen aus dem Gesamtauftrag dann auf eine Unzulässigkeit beruft.

17 Die Frage, wann durch eine unzumutbar hohe Fehlerquote in einer Lieferung diese Sendung in Größen, Farben oder Dessins als unsortiert anzusehen ist und unter Umständen im ganzen retourniert werden kann (§ 7 EB), ist bisher nicht entschieden. Gemäß § 469 Satz 2 BGB kann eine Wandelung der gesamten Lieferung verlangt werden, wenn die mangelhaften Sachen nicht ohne Nachteil für den Käufer von den übrigen getrennt werden können. Da das Verbot der unsortierten Teillieferung den gleichen Zweck verfolgt, nämlich dem Einzelhandel ein in Größe, Farbe und Dessin geschlossenes Sortiment zu garantieren, ist eine Anwendung von § 469 Satz 2 BGB, falls die Voraussetzungen von § 7 erfüllt sind, gegeben, wenn aus einer geschlossenen, zunächst sortierten Sendung so viel Stücke durch Fehler herausfallen, daß die Sendung unsortiert wird und eben hierdurch Nachteile für den Käufer entstehen. Diese Nachteile liegen in dem nicht vollständig vorhandenen Angebot gegenüber dem Verbraucher mit all seinen Folgen.

18 Nach Abs. 6 ist die Ware unversichert zu versenden. Die Lieferanten müssen also beim Speditionsauftrag die Anmeldung eines Verkehrsauftrags oder selbständigen Rollauftrags zum Speditionsversicherungsschein (SVS) und zum Rollfuhrversicherungsschein (RVS) verbieten (sogen. Verbotskunden).

Der Spediteur haftet dann dem Verbotskunden gegenüber nur im Rahmen der Allgemeinen Deutschen Speditionsbedingungen. Trotzdem werden z. B. beim Hängeversand häufig diese Versicherungen dem Abnehmer in Rechnung gestellt. In der Praxis werden diese Beträge dann seitens des Käufers von der Rechnung gekürzt, da der Verkäufer nach den EB verpflichtet war, dem Spediteur mitzuteilen, daß eine Versicherung zu unterbleiben hat, soweit er nicht selbst eine solche Versicherung zu eigenen Lasten wünscht. Nach Abs. 6 gilt das jedoch nur dann, wenn nichts anderes vereinbart ist. Eine solche andere Vereinbarung ist immer dann anzuraten, wenn der Abnehmer keine eigene Transportversicherung unterhält, z. B. im Rahmen der Einheitsversicherung.
Nach dem Speditionsversicherungsschein (SVS) und dem Rollfuhrversicherungsschein (RVS) ist nicht der Spediteur, sondern der durch den Schaden Betroffene, also der Auftraggeber oder der Empfänger des Speditionsgutes, versichert. Die Speditionsversicherung bezieht sich auf die Ausführung der Beförderung, die Rollfuhrversicherung auf das An- und Abrollen von Gütern im örtlichen Verkehr. Dazu gehören jedoch nicht die bahnamtlichen Rollfuhrunternehmen. Die Speditionsversicherung deckt alle Schäden, die sich aus einer gesetzlichen Haftpflicht aufgrund eines Speditionsvertrages ergeben (§ 2 ff. ADSp). Ausgeschlossen sind u. a. alle Gefahren und Schäden, die durch Transport- oder Lagerversicherung üblicherweise gedeckt werden können, d. h. die unmittelbaren üblichen Schäden, die das Gut während der Lagerung oder des Transportes bedrohen. Die Speditionsversicherung deckt daher nur die unmittelbaren Schäden (z. B. bei Verwechslung von Gütern, Verspätungsschäden, fehlerhafte Auswahl des Frachtführers oder des Zwischenspediteurs) sowie auch Schäden aus Nichterfüllung von Nebenaufträgen (Nachnahmeerhebung, Vermittlung von Lager-, Transport- und Diebstahlversicherungen), aus dem Eigentum, aus unerlaubter Handlung, aus ungerechtfertigter Bereicherung bei vorsätzlichem Handeln des Spediteurs und seiner Leute. Die Höhe der Versicherungssumme beträgt z. Z. DM 5000,– je Verkehrsauftrag, soweit keine andere Haftungssumme vereinbart wurde (zum Vorstehenden, vgl. Gablers, Wirtschaftslexikon, 2. Band, Stichwort: Speditionsversicherungsschein; ADSp und SVS/RVS-Erläuterungen von P. H. Wolf, Verkehrsverlag J. Fischer, 4000 Düsseldorf).
Gemäß § 433 BGB ist der Käufer verpflichtet, den Kaufpreis zu zahlen und 19
die Ware abzunehmen. Diese Abnahmepflicht, die eigentlich nur eine Nebenverpflichtung ist, wird durch Abs. 7 zu einer Hauptverpflichtung des Käufers gemacht. Nimmt der Käufer die Ware nicht an, obwohl er nach dem Vertrag hierzu verpflichtet ist und insbesondere keine Gründe vorliegen, die eine Verweigerung der Annahme rechtfertigen könnten (verspätete Lieferung), so hat der Verkäufer das Recht, dem Käufer eine Nachfrist von 10 Tagen zu setzen. Hiernach kann der Verkäufer entweder eine Rückstandsrechnung ausstellen, vom Vertrag zurücktreten oder – nach entsprechender Androhung – Schadensersatz verlangen.
Wird eine Rückstandsrechnung ausgestellt, berechnen sich die Skontofristen nach dem Rechnungsdatum der ursprünglichen Rechnung. Der Schadensersatz umfaßt den Verzögerungsschaden z. B. die Kosten der vergebli-

chen Anlieferung, Lagerkosten usw. Darüber hinaus kann Schadensersatz wegen Nichterfüllung nach § 326 BGB verlangt werden.

20 Bei der Frage, inwieweit der Käufer eigene Mitarbeiter für die Entladung der Ware aus dem Fahrzeug des Spediteurs einsetzen muß und inwieweit sich die Spediteure an nach Auffassung des Empfängers für die Warenanlieferung günstige Zeiten halten müssen, ist zu unterscheiden, ob es sich um Ladungsverkehr (Sendung von Gütern, die der Absender mit einem Frachtbrief für einen Wagen aufgibt) oder Stückgutverkehr (Sendungen in einzelnen Stücken) handelt. Bei den Anlieferungen im Textileinzelhandel, insbesondere durch Hängeversand, handelt es sich in der Regel um Stückgutverkehr, bei dem nach den Rollgeldbestimmungen der Transporteur verpflichtet ist, das Gut hinter die erste verschließbare Tür auf dem Grundstück zu bringen. In allen Fällen ist die Forderung an den Anlieferer der Ware, zu gelegenen Zeiten zu kommen, nicht gerechtfertigt. Als Anlieferungszeit gilt die ortsübliche Geschäftszeit und zu der muß auch der Empfänger empfangsbereit sein.

21 Gelegentlich ist zu beobachten, daß die Lieferanten Postpakete unfrei versenden und es dem Abnehmer anheimstellen, die dadurch entstehenden Mehrkosten bei der Rechnungsregulierung abzusetzen. Die Deutsche Bundespost erhebt dafür eine zusätzliche Einziehungsgebühr von DM 0,70 pro Paket. Diese zusätzlichen Kosten soll dann der Käufer von der Rechnung absetzen. Dieses Verfahren führt im Einzelhandel jedoch zu Schwierigkeiten. Abgesehen davon, daß kontrolliert werden muß, welche Sendung unfrei und welche frei erfolgte, muß der jeweilige Rechnungsbetrag geändert und der Mehrwertsteuerbetrag in jedem Einzelfall neu errechnet werden. Besser ist es also – und so wird in der Praxis in aller Regel auch verfahren –, das Paketporto bei Aufgabe der Sendung vorzulegen und dem Käufer auf der Rechnung zu belasten. Diese Handhabung ist gelegentlich auch bei Sendungen durch Speditionen und bei Expreß-Sendungen anzutreffen (insbesondere in der Heimtextilienbranche, soweit nicht § 4a EB anwendbar ist). Darin ist – ebensowenig wie bei Postsendungen – kein Verstoß gegen die Einheitsbedingungen zu sehen. Vielmehr sagen die Einheitskonditionen lediglich, wer von den Vertragspartnern die Frachtkosten zu übernehmen hat, nicht dagegen wie die Belastung des Käufers mit den Frachtkosten technisch durchgeführt wird. Kartellmitglieder, welche die Frachtkosten zunächst auslegen und sich dann vom Käufer erstatten lassen, verstoßen also nicht gegen ihre kartellvertraglichen Pflichten, zumal es Versandarten gibt (z. B. Post-Päckchen), bei denen eine andere Handhabung gar nicht möglich ist.

22 Die Kosten für die einzelnen Frachtarten sind unterschiedlich. Man sollte darauf bedacht sein, stets den günstigsten Frachtweg auszuwählen (vgl. hierzu Anm. 1). Es helfen hier auch die vom Eisenbahn-Gütertarif-Verlag W. Gutschon & Sohn, 8124 Seeshaupt, und vom Verkehrsverlag J. Fischer, 4000 Düsseldorf, (»Wie erziele ich Frachtersparnisse«) herausgegebenen Versandkosten-Vergleichstabellen.

§ 4a Frankolieferung von Teppichwaren

Für die Lieferung von Teppichwaren gilt anstelle von § 4 Abs. 1, 2 und 3:
(1) Die Lieferung erfolgt ab Fabrik auf Gefahr des Käufers frei Stückgutbahnhof des Empfängers auf dem für den Verkäufer günstigsten Versandweg. Das Rollgeld bzw. die Flächenfracht Empfang ab Stückgutbahnhof des Empfängers zahlt der Käufer. Mehrkosten infolge besonderer Wünsche des Käufers (z. B. Eilversand, Vorschrift einer bestimmten Beförderungsart oder eines bestimmten Beförderungsweges, Teilzahlung usw.) sind von diesem zu tragen.
(2) Holt der Käufer die Ware ab oder wünscht er unfreie Lieferung ab Fabrik, so können ihm dafür höchstens die entsprechenden Frachtkosten nach den Gütertarifen der Deutschen Bundesbahn bis Stückgutbahnhof des Empfängers vergütet werden.
Für die Abholvergütung wird die tatsächlich erforderliche Wegstrecke zwischen der Lieferfabrik bzw. dem Auslieferungslager des Verkäufers und dem Ort der Haupt- bzw. eingetragenen Zweigniederlassung des Käufers zugrundegelegt, wenn diese der tatsächliche Bestimmungsort der Ware ist.
(3) Liefert der Verkäufer im sogenannten Streckengeschäft an den Abnehmer des Käufers, so trägt der Käufer die volle Fracht ab Fabrik bis zum Empfänger. Dies gilt nicht für den Rollenversand an Wiederverkäufer. Eine Frachtvergütung wird nicht gewährt. Zuschläge für besondere Kosten des Streckengeschäftes bleiben hiervon unberührt.

---

§ 4a EB wurde im Jahre 1967 verhandelt und trat am 1. 1. 1968 in Kraft. Er ist 1
zu ergänzen durch die Abs. 4, 5, 6 und 7 des § 4 EB. Wegen der Änderung in der Terminologie durch die Zweite Stückgutreform vgl. § 4 Anm. 13.
Die Sonderregelung des § 4a EB für die Teppichindustrie, wonach Teppich- 2
waren »frei Stückgutbahnhof des Empfängers« zu liefern sind, hat ihren Grund darin, daß es sich bei Teppichwaren um sperrige und somit mit hohen Transportkosten belastete Ware handelt. Durch diese Neuregelung wurden die Frachtkosten zu einem Kalkulationsfaktor der Industrie. Dadurch wird andererseits ein Ausgleich der Standortvorteile erreicht: der Abnehmer wird in die Lage versetzt, unabhängig von seinem Standort zum Lieferanten zu gleichen Bedingungen einzukaufen.
Die ursprünglich geltend gemachten Befürchtungen, die Frankolieferung würde eine Preissteigerung auslösen, die höher läge als die bisherigen Transportkosten, sind nicht eingetreten. Auch ist in der Praxis nicht bestätigt worden, daß sich eine Flut von Einzelbestellungen mit relativ hohen Transportkosten durch diese Regelung ergeben würde.
Die Frankolieferung beinhaltet nicht die Kosten für den Transport der Ware 3
vom Stückgutbahnhof zum Empfänger (Hausfracht/Empfang). Diese Kosten hat der Abnehmer zu tragen.
Auch besondere Wünsche im Hinblick auf den Transportweg und die Trans- 4
portkosten gehen zu Lasten des Käufers. Das bedeutet nicht, daß der für den

Verkäufer günstigste Versandweg ohne Rücksicht auf die berechtigten Belange des Käufers ausgewählt werden kann. Vielmehr sind der handelsübliche Transportweg und das handelsübliche Transportmittel zu benutzen. So mag der Transport per Binnenschiff der für den Verkäufer billigste Versandweg sein, jedoch ist er wegen der langen Transportdauer keineswegs handelsüblich. Als normaler Versandweg ist der Bahnversand anzusehen, weil hierauf in den Bestimmungen des § 4a EB mehrfach Bezug genommen wird. Es können im Einzelfall aber auch andere Transportmittel (Spedition, Post) handelsüblich sein.

5 Da eine frachtfreie Regelung zu Lasten von Selbstabholern gehen würde, sieht Abs. 2 vor, daß dem Käufer bei Selbstabholung oder bei von ihm gewünschter unfreier Lieferung die entsprechenden Frachtkosten nach den Gütertarifen der Bundesbahn bis Stückgutbahnhof des Empfängers vergütet werden. Das gleiche gilt, wenn die Ware von einem durch den Käufer beauftragten Spediteur abgeholt wird. Der Handel ist dadurch in der Lage, die für ihn vorteilhafteste Bezugsmöglichkiet auszuwählen.

6 Beim Streckengeschäft, also beim Transport der Ware vom Verkäufer direkt an den Kunden des Käufers, hat der Käufer die Transportkosten von der Fabrik zu seinem Kunden zu zahlen, d. h. die Frankolieferung entfällt hier. Andernfalls wäre er gegenüber dem Käufer gemäß Abs. 1 besser gestellt, der mit den Frachtkosten für die Lieferung der Ware von seinem Geschäft zu seinem Kunden belastet ist. Da in beiden Fällen die Kosten im Verkaufspreis einkalkuliert sind, wird durch diese Regelung eine gleiche Ausgangsbasis geschaffen.

7 Bei der Lieferung von Auslegeware (Rollenversand) durch den Großhandel oder die Einkaufsverbände an Wiederverkäufer bleibt es dagegen bei der frachtfreien Lieferung. Das bedeutet, daß die für das Streckengeschäft vorgesehene Frachtregelung sich auf Coupons und abgepaßte Teppiche beschränkt. Beim Rollenversand wird eine Frachtvergütung, wie nach Abs. 2, nicht gewährt; es sind also die Brutto-Einkaufspreise (einschließlich einkalkulierte Frachtkosten) zuzüglich Transportkosten vom Fabrikanten zum Empfänger zu entrichten.
Zuschläge für besondere Kosten des Streckengeschäfts (vgl. Abs. 1) bleiben von dieser Regelung unberührt.

§ 5 Unterbrechung der Lieferung

(1) Bei höherer Gewalt, Arbeitskampfmaßnahmen, behördlichen Maßnahmen sowie solchen unverschuldeten Betriebsstörungen, die länger als 1 Woche gedauert haben oder voraussichtlich dauern, wird die Lieferungsfrist bzw. Abnahmefrist ohne weiteres um die Dauer der Behinderung, längstens jedoch um 5 Wochen zuzüglich Nachlieferungsfrist verlängert. Die Verlängerung tritt nicht ein, wenn der anderen Partei nicht unverzüglich Kenntnis von dem Grund der Behinderung gegeben wird, sobald zu übersehen ist, daß die vorgenannten Fristen nicht eingehalten werden können.
(2) Ist die Lieferung bzw. Abnahme nicht rechtzeitig erfolgt, so kann die andere Vertragspartei vom Vertrag zurücktreten. Sie muß dies jedoch mindestens 2 Wochen vor Ausübung des Rücktrittsrechts durch Einschreiben oder Fernschreiben ankündigen.
(3) Hat die Behinderung länger als 5 Wochen gedauert und wird der anderen Vertragspartei auf Anfrage nicht unverzüglich mitgeteilt, daß rechtzeitig geliefert bzw. abgenommen werde, dann kann die andere Vertragspartei sofort vom Vertrag zurücktreten.
(4) Schadensersatzansprüche sind in den vorgenannten Fällen ausgeschlossen.

Während in den alten Konditionen die Tatbestände der von außen kommenden Eingriffe in den Betrieb (»höhere Gewalt oder Behördenmaßnahmen«) und der Betriebsstörungen (»sonstige Betriebsstörungen aller Art«) getrennt behandelt wurden, sind sie jetzt zusammengefaßt, wobei klargestellt wurde, daß unter Betriebsstörungen nur solche unverschuldeter Art fallen. Die Streitfrage, ob Arbeitskampfmaßnahmen unter den Begriff der höheren Gewalt fallen, ist für den Bereich der Einheitskonditionen dadurch geklärt worden, daß sie als Tatbestandsmerkmal im § 5 EB ausdrücklich erwähnt werden. Im übrigen ist unter höherer Gewalt ein außerordentliches Ereignis zu verstehen, das unter den gegebenen Umständen auch durch äußerste, nach Lage der Sache vom Betroffenen zu erwartende Sorgfalt nicht verhütet werden konnte (RG 101/95; 158/361) z. B. Brand- und Wasserschäden. Ein Konkurs- oder Vergleichsverfahren ist kein Fall höherer Gewalt. 1
Unter Arbeitskampfmaßnahmen fallen Streiks und Aussperrungen. Behördliche Maßnahmen sind z. B. Importsperren oder Kontingentierungen (siehe aber Anm. 3).
Zu unverschuldeten Betriebsstörungen können fehlende oder verknappte Rohstofflieferungen (siehe Anm. 2) oder innerbetriebliche Schäden an Maschinen, die zu Produktionsausfällen führen, gehören.
§ 5 EB kann auch zur Anwendung kommen, wenn bei einem bei der Erfüllung der Vertragsverpflichtung unmittelbar mitwirkenden Dritten (Lieferant des Lieferanten, Transportunternehmen) eine Behinderung nach Abs. 1 Satz 1 vorliegt und diese Behinderung wiederum beim Lieferanten des Abnehmers eine Behinderung bewirkt, die ihn berechtigt, seinerseits beim Abnehmer ei-

nen Behinderungsvorbehalt geltend zu machen. So kann z. B. fehlende oder verknappte Rohstofflieferung gegenüber der Textil- und Bekleidungsindustrie ein Behinderungsfall sein, wenn man auch in aller Regel davon ausgehen muß, daß sich der Lieferant, sobald er von der Lieferbehinderung seines Vorlieferanten erfährt, bemüht, Ersatzware zu beschaffen, um seine Lieferverpflichtung erfüllen zu können.
Alle diese Behinderungsfälle müssen erst nach Vertragsabschluß eintreten. Diese Einschränkung folgt aus Abs. 1 Satz 2. Ergeben sich z. B. aufgrund eines Streiks Rohstoffverknappungen im Produktionsbetrieb und lassen diese erkennen, daß die eingegangenen Lieferverpflichtungen gegenüber dem Abnehmer nicht eingehalten werden können, so hat der Lieferant unverzüglich (ohne schuldhaftes Zögern – § 121 BGB) den Abnehmer zu informieren, und zwar unter Angabe des Grundes der Behinderung (Abs. 1 Satz 2). Ein allgemeiner Hinweis, daß eventuell mit einer Rohstoffverknappung und einer darauf basierenden Lieferverzögerung zu rechnen ist, genügt den Anforderungen von Abs. 1 also nicht. Andererseits hat eine solche Benachrichtigung des Abnehmers überhaupt nur dann rechtliche Wirkung, wenn die Rohstoffverknappung länger als eine Woche gedauert hat oder länger als eine Woche voraussichtlich dauern wird. Wird also z. B. eine Garnlieferung vom Faserproduzenten gekürzt, die Fehlmenge jedoch innerhalb einer Woche nachgeliefert, so hat der Weber gegenüber seiner nachgeordneten Stufe kein Recht, sich auf § 5 EB zu berufen.

2 Zeitweise Importsperren, z. B. durch die Anwendung des Welttextilabkommens, sind nur dann ein Fall des § 5 EB, wenn diese behördlichen Maßnahmen bei Abschluß des Vertrags noch nicht bekannt waren. Sind solche behördlichen Maßnahmen bereits bei Vertragsabschluß relevant, so muß sich der Verkäufer vorab vergewissern, ob er die vertraglich eingegangenen Lieferverpflichtungen auch erfüllen kann, d. h. er muß sich die erforderlichen Importlizenzen vor Abschluß des Vertrages beschaffen; tut er das nicht, so treffen ihn die vollen Lieferverpflichtungen aus dem Vertrag, und er kann sich nicht auf § 5 EB berufen.

3 Es ist jedoch zu beachten, daß die Berufung auf höhere Gewalt, Arbeitskampfmaßnahmen, behördliche Maßnahmen sowie unverschuldete Betriebsstörungen gemäß § 5 EB bedeutungslos wird, wenn der Eintritt des Ereignisses in eine Zeit fällt, in der sich der Lieferant bereits im Lieferverzug befindet. Der Säumige hat stets die Gefahr der Unmöglichkeit zu tragen.

4 Voraussetzung für die Verlängerung der Liefer- bzw. Abnahmefrist ist, daß die Behinderungen mindestens eine Woche gedauert haben oder voraussichtlich dauern. Die Fassung des Abs. 1 Satz 1 ist verunglückt. Aus den Worten ». . . sowie solchen unverschuldeten Betriebsstörungen, die . . .« könnte gefolgert werden, daß sich der Relativsatz nur auf die unverschuldeten Betriebsstörungen beziehen soll; das ist jedoch nach einhelliger Meinung in der Textilwirtschaft falsch. Vielmehr sollen alle Behinderungen mindestens eine Woche angedauert haben, ehe sie die Fristverlängerungen zur Folge haben.

5 Bei höherer Gewalt, Arbeitskampfmaßnahmen, behördlichen Maßnahmen sowie unverschuldeten Betriebsstörungen auf seiten des Käufers verringert sich die Abnahmefrist um die Dauer der Behinderung, längstens jedoch um

5 Wochen. Im übrigen gelten hier die gleichen Regelungen wie auf seiten des Verkäufers.
Die Lieferfrist wird um längstens 5 Wochen verlängert, wozu noch die sich gemäß § 6 EB automatisch in Gang setzende Nachlieferungsfrist kommt. 6
Das bedeutet aber nicht, daß die Frist des Abs. 2 erst nach Ablauf der Nachlieferungsfrist gesetzt werden kann, da sonst unter Berücksichtigung der zweiwöchigen Erklärungsfrist ein Behinderungszeitraum von insgesamt 7 Wochen (anstatt 5 Wochen) in Kauf genommen werden müßte. Vielmehr kann der Rücktritt zeitlich so eingerichtet werden, daß er unter Einbeziehung der Erklärungsfrist von 2 Wochen mit dem Ablauf der Nachlieferungsfrist (§ 6 Abs. 1 EB) wirksam wird.
Durch Absatz 2 wird die automatische Rücktrittsfolge gemäß § 6 Abs. 1 EB außer Kraft gesetzt. Der Rücktritt vom Vertrag muß in den Fällen von § 5 EB stets nach Abs. 2 oder Abs. 3 erklärt werden. Schadensersatzansprüche sind für alle Fälle der erwähnten Lieferunterbrechung ausgeschlossen.
Tritt die Behinderung erst während der Nachlieferungsfrist ein, so gilt grundsätzlich dasselbe, d. h. nach Ablauf der Nachlieferungsfrist beginnen diese Fristen des Absatzes 1 zu laufen. Im Einzelfall kann jedoch die Berufung auf die Behinderung unzulässig sein, z. B. wenn die Behinderung erst kurz vor Ablauf der Nachlieferungsfrist eintritt, so daß die Ware in diesem Zeitpunkt weitgehend produziert sein mußte.
Hat die Behinderung länger als 5 Wochen gedauert und will hiernach der 7
Abnehmer Gewißheit haben, ob er noch mit einer rechtzeitigen Lieferung, d. h. vereinbarter Liefertermin zuzüglich 5 Wochen zuzüglich 18 Tage Nachlieferungsfrist gemäß Abs. 1, rechnen kann, so muß der Käufer beim Verkäufer entsprechend anfragen. Der Verkäufer ist seinerseits verpflichtet, auf diese Anfrage unverzüglich zu antworten, daß er zu dem verlängerten Termin liefern werde. Erfolgt eine derartige Mitteilung nicht, kann der Käufer sofort vom Vertrag zurücktreten. Entsprechendes gilt auch für den Fall einer Behinderung gemäß Abs. 1 auf seiten des Abnehmers. Beispiel: lt. am 1. 5. erteilter Order soll am 15. 9. geliefert werden. Vom 10. 5. bis 25. 6. wird gestreikt. Wird dem Abnehmer auf seine Anfrage vom 1. 7. nicht unverzüglich mitgeteilt, daß trotz des Streiks rechtzeitig, d. h. in diesem Fall bis zum 22. 11., geliefert wird (15. 9. plus 5 Wochen plus 18 Tage), kann er sofort vom Vertrag zurücktreten.
Der Grundsatz von Treu und Glauben im Geschäftsverkehr (§ 242 BGB) un- 8
tersagt eine unterschiedliche Behandlung der Abnehmer im Hinblick auf die Geltendmachung des Behinderungsvorbehaltes. Es ist also unzulässig, sich gegenüber kleineren Abnehmern auf die unverschuldete Behinderung zu berufen, demgegenüber jedoch größere Abnehmer vertragsgerecht zu beliefern. Vielmehr muß man von den Lieferanten eine gleichmäßige Verteilung des Risikos auf die einzelnen Beteiligten verlangen.
Liegt ein Fall der Behinderung im Sinne von Abs. 1 beim Abnehmer vor – hat 9
er z. B. in seinen Geschäftsräumen einen Brandschaden erlitten, der seinen Geschäftsbetrieb über einen längeren Zeitraum stillegt – beruft sich der Verkäufer aber nicht auf seine Möglichkeiten nach § 5 EB, will er mithin am Vertrag festhalten, so regeln sich die Rechte des Abnehmers nicht in analoger Anwendung zu § 5 EB. Im § 5 EB werden lediglich die Rechte desjenigen Ver-

tragspartners geregelt, bei dem der Behinderungstatbestand nicht gegeben ist. Für den von den Behinderungen selbst Betroffenen gelten vielmehr die allgemeinen Grundsätze, nämlich Versteigerung, Hinterlegung, Selbsthilfeverkauf (§§ 383, 385, 386 BGB; § 373 HGB), Anspruch auf Gegenleistung ohne Leistung (§ 324 Abs. 2 HGB), Ersatz für Mehraufwendungen (§ 304 BGB). Ein Annahmeverzug tritt ohne Rücksicht auf ein Mitverschulden durch bloße Nichtabnahme ein (§ 293 BGB). Man wird aber auch hier die Grundsätze von Treu und Glauben im Sinne von § 242 BGB zu berücksichtigen haben. Es könnte hier unter Umständen ein Wegfall der Geschäftsgrundlage vorliegen, der zur Anpassung des Vertrages an die jeweils gegebenen Verhältnisse führt. Es ist mithin eine Interessenabwägung auf seiten beider Vertragsparteien vorzunehmen (vgl. hierzu im einzelnen Palandt, § 242 Anm. 6 und die dortigen weiteren Hinweise auf Rechtsprechung und Literatur; sowie Löwisch in BB 1974/1493 ff.).
Derselbe Grundsatz muß gelten, wenn durch die Lieferungsverzögerung das Interesse des Abnehmers an dem Erhalt der Lieferung weggefallen ist, weil es sich z. B. um ausgesprochen terminlich disponierte Saisonware handelt (vgl. Löwisch aaO).

§ 6 Nachlieferungsfrist

(1) Nach Ablauf der Lieferfrist wird ohne Erklärung eine Nachlieferungsfrist von der Dauer der Lieferungsfrist, längstens von 18 Tagen, in Lauf gesetzt. Nach Ablauf der Nachlieferungsfrist gilt der Rücktritt vom Vertrag unter Ausschluß von Schadenersatzansprüchen als erfolgt.
Der Rücktritt vom Vertrag nach Absatz 1 Satz 2 tritt nicht ein, wenn der Käufer während der Nachlieferungsfrist dem Verkäufer erklärt, daß er auf Erfüllung des Vertrages besteht. Der Verkäufer wird jedoch von der Lieferverpflichtung frei, wenn der Käufer sich auf Anfrage des Verkäufers innerhalb der Nachlieferungsfrist nicht dazu äußert, ob er auf Vertragserfüllung besteht.
Fixgeschäfte werden nicht getätigt.
(2) Will der Käufer Schadenersatz wegen Nichterfüllung beanspruchen, so muß er dem Verkäufer eine 4-Woche-Frist setzen, mit der Androhung, daß er nach Ablauf der Frist die Erfüllung ablehne. Die Frist wird von dem Tag an gerechnet, an dem die Mitteilung des Käufers durch Einschreiben oder Fernschreiben abgeht. Diese Bestimmung gilt im Falle des Absatzes 1 Satz 2 anstelle des dort angeführten Rücktritts nur, wenn diese Fristsetzung des Käufers dem Verkäufer innerhalb der Nachlieferungsfrist zugegangen ist.
(3) Für versandfertige Lagerware beträgt die Nachlieferungsfrist längstens 5 Tage. Im übrigen gelten die Bestimmungen der Absätze 1 und 2.
(4) Vor Ablauf der Nachlieferungsfrist sind Ansprüche des Käufers wegen verspäteter Lieferung ausgeschlossen.

---

§ 6 EB bedurfte einer Änderung, nachdem Rechtssprechung und Literatur zu der Auffassung gekommen waren, Abs. 1 der alten Fassung regele ausschließlich die Frage, unter welchen Umständen und zu welchem Zeitpunkt der Verkäufer von seinen Verpflichtungen frei werde, während Abs. 2 die gleiche Frage in bezug auf die Verpflichtungen des Käufers regele (OLG Düsseldorf, Urt. v. 28. 5. 1971 – AZ: 16 U 226/68; im Ergebnis auch LG Stuttgart, Urt. v. 17. 3. 1980 – AZ: 8 KfH 0177/79; GemKom EB § 6 Nr. 4). Nach dieser Auffassung kann sich also der Verkäufer stets auf die automatisch sich in Gang setzende 18tägige Nachlieferungsfrist berufen, während der Käufer stets eine Nachfrist nach Abs. 2 zu setzen hat. 1
Dieses Ergebnis war mit den Vorstellungen der Konditionenpartner nicht zu vereinbaren. Gewollt war seinerzeit von Industrie und Handel, daß die sogenannte Automatik für beide Vertragsparteien gelten solle, ja sogar vor allem für den Käufer, da ihm besondere Terminkontrollen für noch ausstehende Lieferungen erspart werden sollten, indem eben der Rücktritt vom Vertrag automatisch, d. h. ohne vorherige Androhung und Nachfristsetzung, wirksam werden sollte. Durch die zuvor zitierte Rechtssprechung ist hier jedoch genau das Gegenteil eingetreten, d. h. der Käufer muß genaue Terminkontrollen durchführen und Nachfristen setzen, wenn er sich bei Nichteinhaltung der Lieferfristen von seinen Abnahmeverpflichtungen befreien will.

2 Bei der Neuformulierung war darauf zu achten, daß alle empfangsbedürftigen Willenserklärungen, die die Automatik außer Kraft setzen wollen, innerhalb der sich automatisch in Gang setzenden 18 Tage zu liegen haben, da nach Auffassung der zuvor zitierten Rechtsprechung und Literatur aus einem Vertrag, der durch den Ablauf der 18-tägigen (oder kürzeren) Nachlieferungsfrist automatisch gegenstandslos geworden ist (Fiktion des Rücktritts vom Vertrag) nicht noch im Nachhinein Rechte hergeleitet werden können.
Deshalb muß nach der neuen Fassung die Erklärung des Käufers, auf Vertragserfüllung zu bestehen, innerhalb der sich automatisch ingang setzenden Nachlieferungsfrist dem Verkäufer zugehen. Das gleiche gilt für das Verlangen nach Vertragserfüllung mit Schadensersatzandrohung, es sei denn, der Verkäufer hat zunächst innerhalb der Nachlieferungsfrist auf Erfüllung des Vertrags bestanden.

3 Es ergeben sich also folgende Fallkonstellationen:
1. Der Käufer ist nach Ablauf der Lieferfrist an der Ware nicht mehr interessiert: Er äußert sich innerhalb der automatischen Nachlieferungsfrist nicht; mit Ablauf der Nachlieferungsfrist ist der Vertrag gegenstandslos geworden und keine der Vertragsparteien kann daraus noch irgendwelche Rechte herleiten.
Diese Situation kann auch auf Veranlassung des Verkäufers vorzeitig herbeigeführt werden, indem er gemäß Abs. 1 Satz 4 vorgeht, d. h. indem er beim Käufer anfragt, ob dieser Vertragserfüllung verlangen will und der Käufer sich darauf nicht unverzüglich äußert.
2. Der Käufer ist daran interessiert, auch nach Ablauf der Nachlieferungsfrist die Ware noch zu erhalten. Er erklärt innerhalb der Nachlieferungsfrist, daß er auf Erfüllung des Vertrags bestehe. Damit wird die automatische Vertragsauflösung aufgehoben. Erfolgt trotzdem keine Lieferung, muß der Käufer gem. Abs. 2 dem Verkäufer eine Nachfrist von 4 Wochen setzen mit der Androhung, nach Ablauf dieser Nachfrist die Erfüllung des Vertrags abzulehnen.
3. Der Käufer will für den Fall der Nichtlieferung innerhalb der sich automatisch ingang setzenden Nachlieferungsfrist Schadensersatzansprüche geltend machen: Er setzt dem Verkäufer innerhalb der Nachlieferungsfrist eine Nachfrist von 4 Wochen mit der Androhung, nach Ablauf dieser Nachfrist die Erfüllung des Vertrags abzulehnen. Damit ist die automatische Vertragsauflösung ebenfalls aufgehoben.

4 Die Erklärung nach Abs. 2, Schadenersatz wegen Nichterfüllung zu verlangen, ist an die Formvorschrift der Einschreibesendung oder des Fernschreibens gebunden. Aus Beweissicherungsgründen empfiehlt es sich, auch die Erklärungen gemäß Abs. 1 in schriftlicher Form unter genauer Fixierung des Erklärungsdatums abzugeben.

5 Die Nachlieferungsfrist beträgt normalerweise 18 Kalendertage. Ist die Lieferfrist kürzer als 18 Tage, ist die Nachlieferungsfrist gleich der Lieferfrist. Bei versandfertiger Lagerware beträgt die Nachlieferungsfrist längstens 5 Kalendertage (Abs. 3). Die 18tägige (oder kürzere) Nachlieferungsfrist setzt sich, wenn die Lieferung nicht zum vereinbarten Termin erfolgt, auto-

matisch in Lauf, d. h. es bedarf hierzu keiner besonderen Erklärung des Käufers. Nach Ablauf dieser Nachlieferungsfrist gilt ebenfalls automatisch, d. h. wiederum ohne besondere Erklärung des Käufers, der Rücktritt vom Vertrag als erfolgt, soweit der Käufer sich nicht im Sinne von Abs. 1 Satz 3 oder Abs. 2 Satz 3 erklärt hat. Ist das nicht geschehen, so ist der Käufer von seiner Abnahmepflicht befreit.

Ist Vorkasse vereinbart, muß die Rechnung so rechtzeitig beim Abnehmer eingehen, daß dieser unter Berücksichtigung der Fristen des normalen Zahlungsverkehrs vor dem vertraglich vereinbarten Lieferdatum zahlen kann. Verzögert der Käufer die Zahlung der Vorauskasse, so verändert sich die Lieferfrist auf das Datum des Zahlungseinganges beim Verkäufer, wobei § 8 Abs. 10 EB zu berücksichtigen ist. 6

Schadensersatzansprüche sind im Falle der »Automatik« ausgeschlossen. Sie können jedoch vom Käufer geltend gemacht werden, wenn dieser unter Einhaltung der Formalien des Abs. 2 Satz 1, die § 326 BGB entsprechen, dem Verkäufer eine vierwöchige Nachlieferungsfrist zur Erfüllung des Kaufvertrages setzt. Diese Fristsetzung muß zeitlich so erfolgen, daß sie dem Verkäufer noch innerhalb der Nachlieferungsfrist des Abs. 1 bzw. Abs. 3 zugeht (Abs. 2 Satz 3). Diese Erklärung hat zur Folge, daß die Nachlieferungsfrist von Abs. 1 mit Zugang der Erklärung beim Verkäufer erlischt. Der gegenseitige Erfüllungsanspruch bleibt bestehen. 7

Das Recht auf Schadensersatz kann vor allem für den Fall eines Verkäufermarktes für den Käufer von erheblicher Bedeutung sein. Bei einer solchen Marktsituation könnte nämlich sonst die Gefahr bestehen, daß sich Lieferanten durch Nichtlieferung ohne Risiko von ihren Verpflichtungen befreien.

Sofern ein Zahlungsverzug des Käufers aus vorausgegangenen Lieferungen vorliegt, treten die Wirkungen des § 6 Abs. 2 EB nicht ein. Dies folgt schon aus dem allgemeinen Grundsatz, daß derjenige, der selbst vertragsuntreu ist, sich nicht auf die Vertragstreue des anderen Vertragsteils berufen kann (RG 109/55; 152/123). Darüber hinaus rechtfertigt gerade § 9 Abs. 2 EB das Überschreiten der Lieferfrist wegen Zahlungsverzugs (LG Hamburg, Urt. v. 11. 1. 1972 – AZ: 62 S 6/71 und § 9 Anm. 8 EB). 8

Einer Fristsetzung nach Abs. 2 bedarf es dann nicht, wenn gemäß § 326 Abs. 2 BGB die Erfüllung des Vertrags infolge des Verzugs für den anderen Teil kein Interesse mehr hat. Weggefallen sein muß also das Interesse an der Erfüllung des Vertrags; es ist ein Kausalzusammenhang zwischen Interessenwegfall und Verzug erforderlich. An diesen Interessenwegfall sind strenge Voraussetzungen zu stellen; wann er vorliegt, ist Frage des Einzelfalls, z. B. bei Verzug mit der Lieferung von Saisonartikeln (Palandt § 326 Anm. 11). 9

Einer Fristsetzung bedarf es ferner nicht, wenn der Verkäufer endgültig zu erkennen gegeben hat, daß er die geforderte Leistung nicht erbringen will und damit die Zwecklosigkeit einer Nachfristsetzung außer Zweifel steht. Hier wäre eine Fristsetzung eine nutzlose Förmlichkeit, auf die nach dem Grundsatz von Treu und Glauben verzichtet werden kann (BGH BB 1971, 373; 1983, 1873). Ist die Erklärung des Verkäufers, nicht liefern zu wollen oder liefern zu können, nicht eindeutig, ist sie also nicht »sein letztes Wort«, so muß der Käufer, der an der alsbaldigen Erklärung der Erfüllungsbereit- 10 schaft des Schuldners interessiert ist, diesen in rechtsähnlicher Anwendung des § 326 BGB zur Erklärung auffordern, ob er fristgemäß leisten werde, wobei er den Schuldner darauf hinzuweisen hat, daß er die Annahme der Leistung nach Ablauf der Frist ablehne. Wenn der Verkäufer daraufhin eine entsprechende Erklärung nicht abgibt, kann der Käufer vom Vertrag zurücktreten oder Schadensersatz fordern (BGH MDR 1956/393).

11 Für die Höhe des Schadensersatzes gilt als Berechnungsgrundlage die Kalkulation und der Verdienstausfall. Grundsätzlich ist der Schaden gem. §§ 249 ff BGB konkret zu berechnen und nachzuweisen. Der Unterschied in den Vermögenslagen vor Eintritt des Schadens und nach Eintritt des Schadens ist gem. § 251 BGB in Geld zu ersetzen. Hierzu gehört auch der entgangene Gewinn gem. § 252 Abs. 1 BGB, für den neben der konkreten Berechnungsform auch die erleichterte Form der Schadensberechnung gem. § 252 Satz 2 BGB angewandt werden kann, wonach als entgangener Gewinn der gilt, »welcher nach dem gewöhnlichen Lauf der Dinge oder nach den besonderen Umstände, insbesondere nach den getroffenen Anstalten und Vorkehrungen, mit Wahrscheinlichkeit erwartet werden konnte«.

12 Da der Effektivschaden im Einzelfall schwer nachzuweisen ist, bedienen sich die Gerichte in der Regel der Möglichkeit der freien Schadensschätzung gemäß § 287 ZPO, wobei je nach Lage des Einzelfalles eine Summe zwischen 25 und 50 % des Einkaufswertes angenommen werden kann (40 % des Einkaufspreises: AG Köln, Urt. v. 18. 11. 1966 – AZ: 41 C 1162/66; 50 % vom Einkaufspreis: LG Heidelberg, Urt. v. 13. 4. 1972 – AZ: 1 O 329/71). Ob das Gericht bezüglich der Schadenshöhe Beweis erheben will, steht ihm frei. Es kann, wenn es von der Entstehung eines Schadens überzeugt ist, ohne Beweiserhebung den Schaden schätzen oder aber den Beweisführer über die Höhe des Schadens vernehmen (Schätzungsvernehmung; Baumbach-Lauterbach, § 287 Anm. 3). Man wird jedoch nicht von der gesamten Bruttogewinnspanne als Schaden ausgehen können. Es ist neben eingesparten Spezialkosten wie Mehrwertsteuer, Versandkosten, anteilmäßige Gemeinkosten etc. auch derjenige Teil der Handelsspanne, der das Risiko des sinkenden Verkaufswertes abdecken soll, in Abzug zu bringen (AG Hamburg, Urt. v. 15. 11. 1962 – AZ: 34 C 637/62). Bei dem Schadensersatzbegehren ist der Umstand zu berücksichtigen, daß es dem Käufer in für ihn unzumutbarer Weise nicht möglich war, sich anderweitig mit Ware einzudecken. Den Käufer trifft nämlich auch in diesem Fall gemäß § 254 BGB eine Schadensminderungspflicht (Baumbach-Lauterbach, § 287 Anm. II A b).

13 Erklärt der Käufer vor Ablauf der vereinbarten Lieferfrist, daß er die Ware nicht abnehmen werde und vom Vertrag zurücktreten möchte, entläßt ihn aber der Verkäufer nicht aus dem Vertrag, so kann der Verkäufer gemäß § 326 Abs. 2 BGB vom Vertrag zurücktreten oder Schadensersatz wegen Nichterfüllung verlangen. Er braucht also nicht die in § 4 Abs. 7 EB geregelte Nachfrist von 10 Tagen zu setzen (Gutachterkreis am 14. 1. 1975).

14 Fixgeschäfte, d. h. solche Lieferterminierungen, nach denen das Geschäft mit der prompten Einhaltung des bestimmten Liefertermins (Fixtermin) steht oder fällt, dürfen nicht getätigt werden. Dieses Verbot des Fixgeschäftes ist in Zusammenhang mit den Bestimmungen über die »Automatik« zu sehen, durch die der Zweck des Fixgeschäftes, die termin- und bedarfsgerechte Belieferung des Käufers sicherzustellen, weitgehend erreicht ist. Dort, wo früher Fixtermine vereinbart wurden, können nunmehr die Liefertermine so gestellt werden, daß sie unter Hinzurechnung der 18tägigen (oder kürzeren) Nachlieferungsfrist den bisherigen Fixtermin ergeben. Allerdings darf nicht übersehen werden, daß die »Automatik« bei Nichteinhaltung der Liefertermine entgegen der Vereinbarung eines Fixtermins nicht sogleich eine Schadensersatzverpflichtung des Verkäufers auslöst, sondern daß es hierfür – wie ausgeführt – der Setzung einer vierwöchigen Nachlieferungsfrist mit Ablehnungsandrohung bedarf. Die Frage, ob bei Vereinbarung der Anwendung der Einheitsbedingungen im übrigen auch Fixgeschäfte abgeschlossen werden können, ist für die Fälle zu bejahen, in denen Verkäufer nicht durch Kartellkonventionen an die Einhaltung der Einheitsbedingungen gebunden sind.

Das Fixgeschäft bedeutet nicht, daß die Ware »fix am Empfangsort«, d. h. zu **15** dem vereinbarten Fixtermin am Ort der Handelsniederlassung des Käufers sein muß. Würde man nämlich annehmen, daß die Fixierung des Geschäfts gleichzeitig die Vereinbarung eines von der vertraglichen (§ 1 EB) oder gesetzlichen Regelung (§ 269 Abs. 1 und 2 BGB) abweichenden Erfüllungsortes zum Inhalt habe, so würde sich das nicht nur auf diejenigen Rechtsfolgen auswirken, die sich bei einem verzögerten Eintreffen der Ware ergeben würden; die Fixierung des Geschäftes hätte dann nämlich über ihren eigentlichen Inhalt hinaus zur Folge, daß § 447 BGB nicht anwendbar wäre. Es ist dem Käufer, der eine derartige Regelung anstrebt, zuzumuten, entweder eine von der Regel des § 1 EB oder des § 269 Abs. 1 und 2 BGB abweichende Vereinbarung über den Erfüllungsort herbeizuführen oder doch bei der Fixierung des Geschäftes ausdrücklich zu vereinbaren, daß die Ware innerhalb der Frist bei ihm einzutreffen habe (LG Dortmund, BB 1971, 495). Zu dem gleichen Ergebnis kommt das Amtsgericht Hamburg (Urt. v. 17. 12. 1971 – AZ: 31 C 844/70) nach einer gutachtlichen Äußerung der IHK Berlin vom 23. 7. 1971: »Der Ausschuß für die Feststellung von Handelsbräuchen vertritt die Auffassung, im Textilhandel bestehe keine Handelsüblichkeit des Inhalts, daß bei Vereinbarung »fix am . . .« die Ware zu dem genannten Termin im Besitz des Empfängers sein muß. Dazu bedarf es vielmehr einer weitgehenden Abmachung etwa des Inhalts »fix am . . . Empfangsort« oder »fix am . . . beim Besteller eintreffend«. Erfüllungsort für alle Leistungen aus dem Lieferungsvertrag ist nach den EB grundsätzlich die Handelsniederlassung des Verkäufers, es sei denn, daß die Parteien eine andere Regelung ausdrücklich vereinbart haben. Auch insofern ist klargestellt, daß in den Fällen, in denen eine abweichende Regelung nicht ausdrücklich getroffen wurde, der Absendetermin und nicht der Empfangstermin entscheidend ist.«

Ebenso wird man bei der automatischen Nachlieferungsfrist zu entscheiden **16** haben. Im Hinblick auf § 1 EB ist davon auszugehen, daß der Verkäufer seinen Lieferverpflichtungen nachgekommen ist, wenn er die Ware innerhalb der automatischen Nachlieferungsfrist am Erfüllungsort zur Übergabe oder zur Versendung zur Verfügung stellt (BGHZ 12, 267; LG Essen, Urt. v. 11. 7. 1975 – AZ: 46 HO 62/75). Dies hat zur Folge, daß der Käufer für seine Dispositionen der automatischen Nachlieferungsfrist eine weitere Zeitspanne des Versandes hinzuzurechnen hat. Immerhin wird der Verkäufer zu beweisen haben, daß der Versand rechtzeitig, d. h. spätestens am letzten Tag der automatischen Nachlieferungsfrist, erfolgte. Allerdings ist die Kontrollmöglichkeit des Käufers, ob die Ware fristgerecht zum Versand gelangte, in der Praxis sehr eingeschränkt (vgl. § 8 EB Anm. 17).

17 Wird die Ware wegen Überschreitens der Nachlieferungsfrist vom Käufer nicht angenommen und geht sie auf dem Rücktransport zum Verkäufer verloren oder wird sie auf diesem Transport beschädigt, so liegt die Gefahrtragung beim Verkäufer. Durch die automatische Vertragsauflösung im Sinne von Abs. 1 bestehen keinerlei vertragliche Bindungen mehr zwischen Käufer und Verkäufer. Der Verkäufer kann sich also nicht auf § 1 EB berufen, daß Erfüllungsort für alle Leistungen der Ort der Handelsniederlassung des Verkäufers sei.

18 Unabhängig von dem Verlangen auf Erfüllung oder der Geltendmachung von Schadensersatz wegen Nichterfüllung kann der Käufer Ersatz des Verzögerungsschadens verlangen. Der Anspruch auf Ersatz des Verzögerungsschadens tritt neben den bestehenden Leistungsanspruch, der immer an die Stelle der nicht rechtzeitigen Leistung tritt. Da der Verkäufer dem Käufer Ausgaben, die durch den Verzug nötig geworden sind, zu ersetzen hat, hat er auch die Kosten von Mahnschreiben nach Verzug zu erstatten. Die Kosten der den Verzug begründenden Mahnung sind dagegen nicht durch den Verzug erwachsen und gehören somit nicht zum Verzögerungsschaden. Die Kosten des ersten Mahnschreibens oder die des ersten Telefongespräches, mit dem ein Verzug begründet werden soll, sind also noch vom Käufer zu tragen. Ergeben sich hiernach beim Käufer weitere notwendige Kosten, so hat diese der Verkäufer aus dem Gesichtspunkt des Verzugs zu erstatten (vgl. auch Palandt § 326 Anm. 2b und § 286 Anm. 2). Zu beachten ist allerdings, daß gemäß § 284 Abs. 2 BGB der Verzug des Verkäufers mit Ablauf der vereinbarten Lieferfrist eintritt, ohne daß es einer zusätzlichen Mahnung des Käufers bedarf.

Dieser Verzögerungsschaden kann gemäß Abs. 4 erst geltend gemacht werden, wenn die Nachlieferungsfrist verstrichen ist.

19 Die Klausel »Von diesem Auftrag dürfen nicht mehr als 10 % in der Nachlieferungsfrist ausgeliefert werden. Weicht ihre Auftragsbestätigung hiervon ab, so gilt der ganze Auftrag als nicht erteilt« verstößt gegen die Einheitskonditionen, da sie einer Fixstellung der Lieferung gleichzusetzen ist. Die Klausel »Von diesem Auftrag dürfen nicht mehr als 5 % in den letzten Tagen vor dem Endtermin ausgeliefert werden. Weicht ihre Auftragsbestätigung hiervon ab, so gilt der ganze Auftrag als nicht erteilt« ist in dieser Form gem. § 3 Abs. 1 EB unzulässig, da es an bestimmten Lieferterminen fehlt. Die Klausel ist zulässig, wenn für die einzelnen Liefermengen (5 % und 95 %) bestimmte Liefertermine vereinbart werden (vgl. § 3 Anm. 2 EB und Gutachterkreis am 14. 1. 1975).

20 Zur Frage der wettbewerbsrechtlichen Ansprüche aus § 3 UWG, wenn die Liefertermine und deren genaue Einhaltung zum Gegenstand der Werbung gemacht werden und geeignet sind, die Kaufinteressenten zu veranlassen, bei so werbenden Firmen und nicht bei anderen Firmen zu kaufen, vgl. WRP 1972, 338.

§ 7 Mängelrüge

(1) Beanstandungen sind spätestens innerhalb 2 Wochen nach Empfang der Ware an den Verkäufer abzusenden.
(2) Nach Zuschnitt oder sonst begonnener Verarbeitung der gelieferten Waren ist jede Beanstandung ausgeschlossen.
(3) Handelsübliche oder geringe, technisch nicht vermeidbare Abweichungen der Qualität, Farbe, Breite, des Gewichtes, der Ausrüstung oder des Dessins dürfen nicht beanstandet werden.
(4) Bei berechtigten Beanstandungen hat der Verkäufer das Recht auf Nachbesserung oder Lieferung mangelfreier Ersatzware innerhalb 10 Tagen nach Rückempfang der Ware.
(5) Nach Ablauf der in Ziffer (4) genannten Frist gelten die gesetzlichen Bestimmungen.
(6) Bei versteckten Mängeln gelten die gesetzlichen Bestimmungen.

Will sich der Käufer vor den Folgen einer mangelhaften Lieferung schützen, 1
muß er die bei ihm eingetroffene Ware auf etwaige Mängel, d. h. auf Fehler und auf das Fehlen zugesicherter Eigenschaften hin unverzüglich, d. h. ohne schuldhaftes Zögern, untersuchen, soweit dies nach ordnungsgemäßem Geschäftsgang tunlich ist (§ 377 HGB). Der Umfang dieser Untersuchungspflicht ist bei den einzelnen Artikeln unterschiedlich.
Nach dem Urteil des BGH (BB 1970, 1416) ist darauf abzustellen, welche in dem Rahmen eines ordnungsgemäßen Geschäftsgangs fallenden Maßnahmen einem ordentlichen Kaufmann im konkreten Einzelfall unter Berücksichtigung auch der schutzwürdigen Interessen des Verkäufers zur Erhaltung seiner Gewährleistungsansprüche zugemutet werden können. Dabei sind nicht die persönlichen Verhältnisse des Käufers und seiner Anschauung maßgebend; vielmehr kommt es auf die objektive Sachlage und die allgemeine Verkehrsanschauung an, wie sie sich hinsichtlich eines Betriebes vergleichbarer Art gebildet hat. Im Rahmen einer sachgemäßen Interessenabwägung zwischen Käufer und Verkäufer dürfen diese Anforderungen an die Untersuchungspflicht nicht überspannt werden. In dem vorgenannten BGH-Urteil wird darauf hingewiesen, daß Kosten- und Zeitaufwand für die Untersuchung, das Erfordernis eigener technischer Kenntnisse für ihre Durchführung und die Notwendigkeit, besondere technische Vorkehrungen für sie zu treffen oder die Untersuchung durch Dritte vornehmen zu lassen, von Bedeutung sein können.
Die frühere Rechtsprechung hat die Untersuchungsverpflichtung des Käu- 2
fers weitgehend kasuistisch anhand einzelner Fehlerarten von Textilien beurteilt. Das mag aus der damaligen Sicht – es handelt sich weitgehend um Urteile aus den zwanziger Jahren, auf die zum Teil aber auch neuere Entscheidungen zurückgreifen – seine Berechtigung gehabt haben. Heute sind jedoch im Gegensatz zu früher die einzelnen Warenlieferungen von der Menge her wesentlich größer, wobei gleichzeitig auch die Arbeitskosten ge-

genüber den Bezugskosten ganz erheblich gestiegen sind, d. h. also, daß der Gesamtaufwand des Käufers heute im Gegensatz zu den früheren Gegebenheiten nicht mehr vergleichbar ist. Würde man den Fehlerkatalog in dem GemKom (S. 82) zugrunde legen, der nach der dort vertretenen Ansicht zudem auch nur einige Beispiele aus der »Fülle der möglichen offenen Mängel« darstellt, würde das für den Käufer einen Aufwand bedeuten, der zeit- und kostenmäßig nicht zu vertreten wäre. Hinzu kommt, daß darüber hinaus aber auch die modernen Fabrikations- und Distributionsmethoden bei der Interessenabwägung zwischen Käufer und Verkäufer berücksichtigt werden müssen.

3 Im einzelnen ist davon auszugehen, daß sich der Käufer zunächst einen optischen Eindruck von der Ware verschaffen muß. Die Frage, ob weitergehende chemische oder technische Prüfungen erforderlich sind, ist im allgemeinen zu verneinen, da die Handelsfirmen und Kleiderfabriken üblicherweise keine eigenen Labors unterhalten. In Zweifelsfällen dürfte es erforderlich sein, ein staatliches Prüfamt einzuschalten. Der Umfang der Untersuchungspflicht dürfte im Einzelfall von der Interessenabwägung abhängen, wobei vor allem Zeit- und Kostenaufwand, die dem Käufer zur Verfügung stehenden technischen Mittel sowie die etwaige Gefahr eines erheblichen Mangelfolgeschadens zu berücksichtigen sind (Lambsdorff/Skora Anm. 67).

4 Wird Ware zum Beispiel in Verpackung geliefert und ist die Verpackung für den Weiterverkauf bestimmt, so genügen Stichproben. In jedem Fall sind jedoch Stichproben erforderlich (Gutachterkreis vom 14. 1. 75). Daß Stichproben bei der Untersuchung von Meterwaren ausreichen, dürfte heute unbestritten sein. Lambsdorff/Skora (Anm. 70) hält eine Stichprobenuntersuchung jedoch nur dann für ausreichend, wenn es sich um eine Mengenware gleicher Beschaffenheit handelt. Entscheidend dürfte es aber sein, daß eine sachgemäße Stichprobe durchgeführt wird.

5 Erfolgt die Lieferung einer Ware in verschiedenen Teillieferungen, müssen grundsätzlich Stichproben bei jeder Teillieferung durchgeführt werden. Der von Lambsdorff/Skora (Anm. 72 ff.) vertretenen Ansicht, daß das Anzeichnen von Gewebefehlern durch den Verkäufer den Käufer dennoch verpflichtet, die Ware zu schauen, kann in dieser Verallgemeinerung nicht beigepflichtet werden; vielmehr ist zu prüfen, ob der Verkäufer durch das Anzeichnen der Fehler zum Ausdruck gebracht hat, daß er die Untersuchungsverpflichtung für den Käufer übernimmt, was jedoch in der Praxis im allgemeinen nicht üblich ist.

6 Hat eine Untersuchung der Ware nicht stattgefunden, ist aber trotzdem eine Mängelrüge erfolgt, so ist diese wirksam (OLG Frankfurt, BB 1984, 177).

7 Wird eine andere als die bestellte Ware oder eine andere Menge geliefert (Falschlieferung), so trifft auch dann den Käufer die Rügepflicht (§§ 378, 377 HGB), es sei denn, die gelieferte Ware weicht offensichtlich so erheblich von der Bestellung ab, daß der Verkäufer die Genehmigung des Käufers als ausgeschlossen betrachten mußte. Bei der Falschlieferung bestimmen sich die Ansprüche des Käufers nicht nach Gewährleistungsrecht, sondern nach den allgemeinen Vorschriften über Leistungsstörungen (§§ 320 ff. BGB). Das gilt beim Handelskauf ebenfalls, da der Käufer der Rügelast nach § 378

HGB unterliegt (BGH, BB 1979, 346). Hat der Verkäufer also eine andere Sache als die bestellte geliefert, so muß der Käufer zwar diese Falschlieferung rügen, hat aber weiterhin den Erfüllungsanspruch und sodann – falls die Voraussetzung des § 6 EB vorliegen – u. a. den Anspruch auf Schadenersatz wegen Nichterfüllung.

Die Begriffe der offenen und versteckten Mängel bzw. Fehler finden im Ge- 8
setz keine Stütze. Sie sind jedoch übliche Unterscheidungsmerkmale und wurden durch den Hinweis auf versteckte Mängel in Abs. 7 in die Einheitsbedingungen übernommen. Es ist jedoch ein Interpretationsirrtum, bestimmte Fehlerarten von vornherein grundsätzlich als offene Fehler zu bezeichnen, so wie das im GemKom. S. 80 ff. dargestellt wird. Zwar haben bestimmte Fehlerarten, wie z. B. ein Webfehler, den Anschein des offenen Fehlers, sie sind jedoch dann als versteckte Fehler einzustufen, wenn sie bei einer sachgemäßen Stichprobenuntersuchung durch den Käufer nicht festgestellt wurden. In einem derartigen Fall ist es von besonderer Bedeutung, daß der Käufer den Beweis erbringen kann, daß er entsprechende Stichprobenuntersuchungen durchgeführt hat und dabei der Fehler nicht festgestellt wurde.

Der Käufer hat dem Verkäufer vorhandene Mängel fristgerecht anzuzeigen, 9
wobei zwischen offenen und versteckten Mängeln zu unterscheiden ist. Während früher die Mängelrüge in jedem Fall unverzüglich und spätestens innerhalb 10 Tagen geltend zu machen war, beträgt die Frist bei den sogenannten offenen Mängeln gem. § 7 Abs. 1 EB nunmehr 2 Wochen nach Empfang der Ware, wobei dem Abnehmer nicht mehr entgegengehalten werden kann, daß er die Rüge auch schon früher hätte geltend machen können. Außerdem ist klargestellt, daß es für die Einhaltung der fristgerechten Rüge nicht auf den Zeitpunkt des Zugangs beim Lieferanten, sondern auf die Absendung durch den Käufer ankommt.

Bei den sogenannten versteckten Mängeln gilt gem. Abs. 6 die 2 Wochen- 10
Frist nicht. Hier steht dem Käufer die Geltendmachung der Gewährleistungsansprüche innerhalb von 6 Monaten von der Ablieferung an zu. Hat er in dieser Frist einen versteckten Fehler festgestellt, ist er jedoch verpflichtet, diesen dann unverzüglich zu rügen.

Handelsübliche oder geringe, technisch nicht vermeidbare Abweichungen 11
der Qualität, Farbe, Breite, des Gewichts, der Ausrüstung oder des Dessins dürfen gem. Abs. 3 nicht beanstandet werden.

Der Hinweis bei Lambsdorff/Skora (Anm. 135), sich zur näheren Orientierung an die Bücher »Gewebefehler« oder »Fehlerkatalog für Baumwollbuntgewebe« oder »Webereitechnik« zu halten, wäre nur vertretbar, wenn diese Publikationen nicht nur die Meinung der Gewebelieferanten, sondern auch deren Abnehmer wiedergeben würden, was nicht der Fall ist.

Abs. 2 bestimmt, daß Beanstandungen nach Zuschnitt oder sonst begonne- 12
ner Verarbeitung ausgeschlossen sind. Hier sind insbesondere die Fälle angesprochen, in denen der Käufer vor Erhebung einer Mängelrüge wegen offener Fehler in der 2 Wochen-Frist des Abs. 1 mit der Verarbeitung begonnen hat. In einem solchen Falle hat der Käufer seinen Anspruch auf Gewährleistung verloren.

Hat dagegen der Käufer rechtzeitig, d. h. innerhalb der 2 Wochen-Frist gerügt, der Verkäufer daraufhin Nachbesserung bzw. Ersatzlieferung abgelehnt, beginnt dann der Käufer die Ware zu verarbeiten, steht dem Käufer dennoch das Recht auf Minderung oder Schadenersatz wegen Nichterfüllung zu (BGH BB 1977, 14). Entgegen Lambsdorff/Skora (Anm. 27 ff.) und dem GemKom (S. 87) ist der Ansicht des BGH zuzustimmen, da eine derartige Auslegung einer sachgerechten Interessenabwägung zwischen Verkäufer und Käufer entspricht.

13 Entgegen der Ansicht des GemKom. (S. 76) genügt die mündliche Mängelrüge. Aus der Formulierung in Abs. 1, daß Beanstandungen »abzusenden« sind, ist nicht die Vereinbarung der Schriftform gem. § 127 BGB zu folgen (so auch Lambsdorf/Skora, Anm. 11 ff. mit weiteren Hinweisen). Aus Beweissicherungsgründen ist es jedoch zweckmäßig, die mündliche Mängelanzeige schriftlich oder durch Fernschreiben zu bestätigen.

14 Hat der Verkäufer den Mangel – gleichgültig, ob es sich um einen offenen oder versteckten Fehler handelt – arglistig verschwiegen, kann er sich nicht darauf berufen, daß die Mängelanzeige unverzüglich zu erfolgen hat.

15 Die gerügten Mängel müssen so genau bezeichnet werden, daß sich der Verkäufer ein Urteil darüber bilden kann, um welche Mängel es sich handelt. Allgemein gehaltene Rügen, z. B. die Ware sei nicht zu gebrauchen oder schlecht, genügen nicht zur Wahrung der Rechte des Abnehmers. Hierdurch soll der Verkäufer gegen das Nachschieben nicht präzisierter Mängel geschützt werden (BGH BB 1976, 774). Wenn es bei der Mängelanzeige auch nicht der Aufdeckung der Ursachen eines Fehlers bedarf, so ist jedoch jedenfalls dessen Beschreibung notwendig. Die Mängelanzeige muß so beschaffen sein, daß ihr der Verkäufer Art und Umfang der Mängel entnehmen kann. Sie muß dem Verkäufer die Mängel substantiiert und in der ganzen Breite des Objektes kundtun. Ist eine Sendung zum Teil mangelhaft, so muß der Käufer deutlich angeben, welche und ein wie großer Teil derselben beanstandet werden. Die Menge der bemängelten Ware muß deutlich und nicht nur schätzungsweise bezeichnet werden, es sei denn, daß sich aus den Umständen des Einzelfalles mit hoher Wahrscheinlichkeit ergibt, daß die gesamte Menge fehlerhaft ist. Die Mängel müssen zwar nicht in alle Einzelheiten gehend, aber doch so genau bezeichnet werden, daß der Verkäufer ermessen kann, um was es sich handelt, um danach seine Dispositionen treffen zu können (OLG Nürnberg BB 1974, 865).
Es ist nicht erforderlich, daß der Käufer bereits mit der Mängelanzeige gleichzeitig auch mitteilt, welchen Gewährleistungsanspruch er erhebt.

16 Die Mängelrüge muß nicht an den Verkäufer selbst abgegeben werden, vielmehr sind auch dessen Bevollmächtigte zur Entgegennahme berechtigt. Hierzu gehören die Handelsbevollmächtigten, die Abschlußvertreter und die Handelsvertreter. Gerade in der Praxis ist es üblich, daß von seiten des Käufers die Handelsvertreter eingeschaltet werden, da diese das Bindeglied zwischen Verkäufer und Käufer darstellen.

17 Der Käufer hat bei Vorliegen berechtigter Mängel das Recht, die Ware zurückzuschicken, ohne eine Stellungnahme des Verkäufers einholen zu müssen. Die alte Bestimmung, daß beanstandete Ware nur mit Genehmigung des Verkäufers zurückgesandt werden darf, ist beseitigt.

Der Käufer hat zudem an der baldigen Zurücksendung auch ein besonderes Interesse, da er die 10 Tage-Frist für die Nachbesserung oder die Lieferung mangelfreier Ersatzware gem. Abs. 4 so schnell wie möglich in Gang setzen will.

Lehnt der Verkäufer die Rücksendung der Ware ab oder hat der Käufer die Ware zurückgeschickt, der Verkäufer jedoch die Annahme verweigert, dann bringt der Verkäufer damit zum Ausdruck, daß er auf sein Recht auf Nachbesserung oder Lieferung mangelfreier Ersatzware verzichtet. Der Käufer kann in diesem Falle daher sofort die gesetzlichen Gewährleistungsansprüche gem. Abs. 5 geltend machen. **18**

Erklärt jedoch der Verkäufer, daß er die Ware im Betrieb des Käufers auf Mängel untersuchen werde und wird dadurch der Rückempfang der Ware verzögert, dann beginnt die 10 Tage-Frist von dem Zeitpunkt an zu laufen, an dem der Verkäufer die Ware erhalten hätte, wenn sie zurückgeschickt worden wäre. **19**

Andererseits ist der Käufer grundsätzlich nicht verpflichtet, die reklamierte Ware zurückzuschicken. Er hat nach § 379 HGB lediglich die Verpflichtung, für ihre einstweilige Aufbewahrung zu sorgen. In diesem Falle wird die 10 Tage-Frist für die Nachbesserung bzw. Lieferung mangelfreier Ersatzware gehemmt, da der Verkäufer nicht über sie verfügen kann. Hat der Käufer dem Verkäufer mitgeteilt, daß er die Ware zu seiner Verfügung hält, kümmert sich der Verkäufer trotzdem nicht um die Ware, so wird der Käufer nach Ablauf einer angemessenen Frist, deren Dauer sich nach den Umständen des Einzelfalls richtet, von seiner weiteren Aufbewahrungspflicht frei (Kaufrecht Anm. 535). **20**

Beim Vorliegen eines offenen Fehlers hat der Verkäufer gem. Abs. 4 bei berechtigten Beanstandungen das Recht auf Nachbesserung oder Lieferung mangelfreier Ersatzware innerhalb von 10 Tagen nach Rückempfang der Ware. **21**

Bei einem versteckten Fehler fallen diese Rechte des Verkäufers gem. Abs. 6 weg, so daß der Verkäufer sofort die gesetzlichen Gewährleistungsansprüche geltend machen kann.

Die 10 Tage-Frist beginnt mit dem Rückempfang der Ware; dabei wird gem. § 187 Abs. 1 BGB der Tag des Rückempfanges nicht mitgerechnet, so daß die Frist am Tag nach dem Rückempfang zu laufen beginnt. Nach Ablauf der 10tägigen Frist muß die Nachbesserung bzw. Ersatzlieferung durchgeführt und die Ware innerhalb dieser Frist an den Käufer zum Versand gebracht sein. Sowohl der GemKom (S. 91) als auch Lambsdorff/Skora (Anm. 54 ff.) vertreten in freier Auslegung die Ansicht, der Verkäufer müsse sich innerhalb der 10 Tage erklären, ob er sich zur Durchführung der Nachbesserung oder der Ersatzlieferung bereiterkläre. Danach könne mit einer geringfügigen Überschreitung der Frist noch geliefert werden. Diese Ansicht findet in den Einheitsbedingungen keine Stütze und entspricht zudem auch nicht dem Willen der Vertragspartner bei der Erstellung der Einheitsbedingungen. Wenn dem Käufer in den Einheitsbedingungen entgegen den gesetzlichen Bestimmungen die sofortige Geltendmachung der Gewährleistungsansprüche verwehrt ist und stattdessen dem Verkäufer das Recht auf Nachbesserung bzw. Ersatzlieferung eingeräumt wird, so entspricht das nicht ei- **22** ner ausgewogenen Interessenlage, wenn der Verkäufer innerhalb von 10 Tagen sich die Entscheidung freihalten kann, ob er noch Nachbesserung oder Ersatzlieferung leisten will.

23 Erweist sich eine durchgeführte Nachbesserung bzw. Ersatzlieferung wiederum als fehlerhaft, dann kann der Käufer die gesetzlichen Gewährleistungsansprüche sofort geltend machen, denn das vorgenannte Recht auf Nachbesserung bzw. Ersatzlieferung steht dem Verkäufer nur einmal zu. Allerdings muß der Käufer die mangelhafte Nachbesserung bzw. Ersatzlieferung gem. Abs. 1 rügen (BGH BB 1983, 2141; 1985, 1354).
Erklärt der Verkäufer, daß er eine Nachbesserung bzw. Ersatzlieferung nicht durchführen könne oder auch nicht durchführen wolle, stehen dem Käufer ebenfalls die gesetzlichen Gewährleistungsansprüche sofort, d. h. unter Wegfall der 10tägigen Frist, zu.

24 Lehnt der Verkäufer die Lieferung einer mangelfreien Ersatzware ab, erklärt er sich jedoch zur Nachbesserung bereit und stellt sich nach objektiver Beurteilung heraus, daß durch die Nachbesserung der Mangel nicht beseitigt werden kann, kann der Käufer die gesetzlichen Gewährleistungsansprüche sofort geltend machen.
Die durch die Nachbesserung bedingten Kosten des Käufers hat der Verkäufer zu tragen. Das ergibt sich aus § 476a BGB, wonach »der zur Nachbesserung verpflichtete Verkäufer auch die zum Zweck der Nachbesserung erforderlichen Aufwendungen, insbesondere Transport-, Wege-, Arbeits- und Materialkosten zu tragen« hat, wenn zwischen den Parteien eine Nachbesserung vereinbart war, wie das nach Abs. 4 der Fall ist. Gleiches gilt jedoch auch bei der Ersatzlieferung. Auch hier muß der Verkäufer die Folgen seiner schlechten Vertragserfüllung tragen, so daß § 476a BGB analog anzuwenden ist.
Zusätzlich kann der Käufer gem. § 467 Satz 2 BGB vom Verkäufer den Ersatz der Vertragskosten verlangen, d. h. also der Kosten, die der Käufer in Erfüllung des Vertrages aufgewendet hat. Darüber hinaus gehören dazu auch die Kosten, die notwendigerweise entstehen, damit dem Käufer der nach dem Vertrag vorausgesetzte bestimmungsgemäße Gebrauch der Sache ermöglicht wird.
Die Darlegungs- und Beweispflicht für die Entstehung dieser Kosten trägt der Käufer. Vielfach wird in der Praxis dem Verkäufer hierfür eine Pauschale in Rechnung gestellt, was allerdings der Spezifizierungspflicht des Käufers nicht entspricht. Vielmehr wird er zumindest eine Berechnungsgrundlage vortragen müssen, um letztendlich dem Gericht die Möglichkeit zu geben, gem. § 287 ZPO den Schaden zu schätzen.

25 Sind von mehreren verkauften Waren nur einzelne mangelhaft, so kann nur in Ansehung dieser Nachbesserung oder Lieferung mangelfreier Ersatzware verlangt werden, auch wenn ein Gesamtpreis für alle Waren festgesetzt ist. Sind jedoch die Waren als zusammengehörend verkauft, so kann jeder Teil verlangen, daß die Nachbesserung oder Lieferung mangelfreier Ersatzware auf alle Waren erstreckt wird, wenn die mangelhaften Waren nicht ohne Nachteile von den übrigen getrennt werden können (§ 469 BGB). Ob die Waren als zusammenhängend verkauft gelten, ist nach den Ansichten und Interessen der Vertragsparteien zu beurteilen. Eine Berechtigung zur Reklama-

tion der gesamten Lieferung ist gegeben, wenn der Käufer den restlichen Teil nicht gebrauchen kann (Palandt Anm. 2b zu § 469 BGB). Das vorgenannte Problem kann bei der Lieferung von sogenannten Coordinates entstehen. Die Beweislast für die Zugehörigkeit und Nachteile trägt der, der die Reklamation vornimmt, also der Käufer.

Die Klausel »2. Wahl ohne Reklamationsanspruch« wird zwar gelegentlich 26
verwandt, ist aber keinesfalls handelsüblich. Bei Ware 2. Wahl ist davon auszugehen, daß die Fehler, die die Ware gerade zur 2. Wahl machen, nicht als Reklamationsgrund angegeben werden können. Diese Klausel birgt insofern jedoch eine Gefahr in sich, als damit Mängelrügen ausgeschlossen werden, die mit der 2. Wahl nichts zu tun haben. So ist es denkbar, daß ein Stoff wegen kleiner Webfehler zur 2. Wahl degradiert wird, sich bei der Anlieferung der Ware jedoch eine andere Farbzusammensetzung herausstellt oder eine schlechte Einfärbung.

War die Nachbesserung oder Ersatzlieferung nach § 7 Abs. 4 EB erfolglos 27
oder hat der Verkäufer zum Ausdruck gebracht, daß er von diesem Recht keinen Gebrauch machen werde oder kann, oder liegt ein versteckter Fehler vor, dann stehen dem Käufer die gesetzlichen Gewährleistungsansprüche zu (§§ 459 ff. BGB).

Der Käufer kann dann den Vertrag wandelen oder mindern.

Beim Vorliegen zugesicherter Eigenschaften oder beim arglistigen Verschweigen eines Fehlers kann statt der Wandelung oder Minderung auch ein Anspruch auf Schadenersatz wegen Nichterfüllung verlangt werden (§ 463 BGB). Beim Gattungskauf, d. h. wenn die Ware nur nach allgemeinen Merkmalen bestimmt ist, kann anstelle der vorgenannten Ansprüche die Lieferung einer mangelfreien Ware verlangt werden (§ 480 BGB).

Zusätzlich zu den vorgenannten Rechten können auch Ansprüche aus positiver Vertragsverletzung geltend gemacht werden, wenn ein Verschulden seitens des Verkäufers vorliegt.

Wird ein Kaufvertrag gewandelt, so bedeutet das, daß der Verkäufer und der 28
Käufer sich so zu stellen haben, als ob ein Kaufvertrag nicht abgeschlossen worden wäre. Nach § 467 BGB finden auf die Wandelung die meisten Vorschriften über den vertraglichen Rücktritt entsprechende Anwendung. Danach sind beide Vertragsparteien verpflichtet, die empfangenen Leistungen einander Zug um Zug zurückzugewähren (§ 348 BGB).

Eine Wandelung ist gem. §§ 467, 352 BGB ausgeschlossen, wenn der Käufer die empfangene Ware verarbeitet hat. In diesem Fall hat der Käufer nur Anspruch auf Minderung oder – falls die erforderlichen Voraussetzungen vorliegen – auf Schadenersatz wegen Nichterfüllung. Der Wandelungsanspruch bleibt jedoch bestehen, wenn es sich um einen versteckten Fehler handelt und dieser sich erst bei der Verarbeitung der Ware zeigt.

Die Durchführung der Wandelung unterliegt ferner noch einigen gesetzlichen Einschränkungen. Hier sei lediglich erwähnt, daß eine Wandelung auch dann ausgeschlossen sein kann, wenn der Verkäufer dem Käufer, der ihm gegenüber einen Mangel behauptet, die Wandelung anbietet und unter gleichzeitiger Setzung einer angemessenen Frist zur Erklärung darüber auffordert, ob er die Wandelung verlangen solle. Nach Ablauf dieser Frist hat

der Käufer sein Wandelungsrecht verwirkt. Die Ausübung der übrigen Gewährleistungsansprüche werden dadurch nicht berührt.
Im Rahmen der Wandelung ergeben sich für den Verkäufer folgende Verpflichtungen:

29 Er hat den Kaufpreis zuzüglich 5 % Zinsen nach Geldempfang zurückzuzahlen. Hat der Käufer bei der Zahlung einen Skonto gezogen, bezieht sich die Verpflichtung zur Rückzahlung nur auf den entsprechenden Nettobetrag. Ferner hat der Verkäufer dem Käufer die notwendigen Aufwendungen zu ersetzen, die er auf die Ware nach den Vorschriften über die Geschäftsführung ohne Auftrag gemacht hat, wie z. B. Transportkosten, Erhaltungskosten, Versicherungskosten usw. Darüber hinaus hat der Verkäufer dem Käufer die sogenannten Vertragskosten zu ersetzen, wie z. B. die Kosten des Kaufvertrags, Telegrammkosten usw. Weitergehende Kosten, die auf Schäden des Käufers beruhen und die von den gesetzlichen Vorschriften über die Wandelung nicht erfaßt werden, können bei schuldhaftem Verhalten des Verkäufers ggfs. unter dem Gesichtspunkt der positiven Vertragsverletzung geltend gemacht werden. Es handelt sich hier in erster Linie um Mangelfolge- und um Mangelbegleitschäden. Alle Kosten müssen vom Käufer spezifiziert und nachgewiesen werden.

30 Wird mit Wechseln bezahlt, so gehen die Wechselkosten zu Lasten des Käufers. Das folgt daraus, daß der Käufer die Wechselzahlung als Barzahlung gewertet wissen will, da er auch bei Wechselzahlung Skonto in Anspruch nehmen kann. Gleiches gilt auch für die Kosten aller anderen Zahlungsarten.

31 Im Gegenzug ist der Käufer verpflichtet, die empfangene Ware zurückzugeben. Kommt er mit dieser Verpflichtung in Verzug, so kann ihm der Verkäufer eine angemessene Frist setzen, nach deren fruchtlosen Ablauf die Wandelung unwirksam wird (§ 354 BGB).

32 Unter Minderung ist die Herabsetzung des Kaufpreises zu verstehen, und zwar nach § 472 BGB im Verhältnis, in dem zur Zeit des Verkaufs der Wert der Ware in mangelhaftem Zustand zu ihrem wirklichen Wert gestanden haben würde. Bei dieser Berechnung ist also nicht von dem vertraglichen Kaufpreis auszugehen. Maßgebend ist vielmehr der objektiv zu ermittelnde Wert der Ware im mangelfreien Zustand bzw. im wirklichen Zustand. Das Recht auf Minderung kann auch dann noch geltend gemacht werden, wenn die Ware vom Verkäufer veräußert ist. In der Weiterveräußerung ist kein Verzicht auf Minderung zu sehen.

Auch im Falle der Minderung können sich darüber hinaus entsprechende Ansprüche des Käufers aus den Grundsätzen der positiven Vertragsverletzung ergeben, wenn der Verkäufer schuldhaft gehandelt hat.

33 Für die Durchführung der Wandelung oder Minderung ist es erforderlich, daß der Käufer dem Verkäufer gegenüber erklärt, für welches Recht er sich entscheidet. Die notwendige Erklärung des Käufers muß nicht unbedingt ausdrücklich erfolgen, sondern kann sich auch aus den Umständen ergeben. Erforderlich ist aber eine entsprechende Vereinbarung der beiden Parteien. Dem Käufer bleibt es jedoch unbenommen, sofort auf die dem Wandelungs- oder Minderungsbegehren entsprechende Rechtsfolge zu klagen.

Fehlt der Ware zur Zeit des Kaufes eine zugesicherte Eigenschaft oder hat der Verkäufer einen Fehler arglistig verschwiegen, kann der Käufer statt Wandelung oder Minderung Schadenersatz wegen Nichterfüllung verlangen. Arglist ist dann anzunehmen, wenn der Verkäufer einen ihm bekannten und nach seiner Ansicht dem Käufer unbekannten Fehler in der Annahme verschweigt, daß der Kaufvertrag sonst nicht zustandegekommen wäre. 34

Die Gewährleistungsansprüche stellen eine gesetzliche Sonderregelung dar, wonach nur die unmittelbaren Wirkungen einer mangelhaften Lieferung erfaßt werden. Darüber hinausgehende Schäden werden durch sie nicht erfaßt. Die Rechtsprechung berücksichtigt diese weitergehenden Schäden im Rahmen der sogenannten positiven Vertragsverletzung. Hier handelt es sich um Mangelfolge- bzw. Mangelbegleitschäden, die nicht durch die Gewährleistungsansprüche abgedeckt sind. Eine positive Vertragsverletzung durch den Verkäufer begründet für den Käufer einen Schadenersatzanspruch, wenn der Verkäufer schuldhaft gehandelt hat (nähere Einzelheiten s. Palandt § 276 BGB Anm. 7a). 35

Das Recht auf Geltendmachung von Mängeln im Rahmen der gesetzlichen Gewährleistungsansprüche unterliegt einer Verjährung innerhalb von 6 Monaten, gerechnet von der Ablieferung der Ware an (§ 477 BGB). Der Beginn der Verjährung ist nach allgemeinen Grundsätzen nicht davon abhängig, daß der Anspruchsberechtigte seinen Anspruch oder auch nur die seinen Anspruch begründenden Tatsachen kennt. Hieraus ergibt sich, daß Fehler, die erst nach Ablauf von 6 Monaten nach der Ablieferung entdeckt werden, auch wenn sie schon früher vorhanden waren, kein Recht nach § 7 EB geben. Nach Ablauf dieser Verjährungsfrist können die sich daraus ergebenden Rechte auch einrede- oder aufrechnungsweise (§ 478 BGB) nur geltend gemacht werden, wenn diese vorher angezeigt waren. Ob die frühere Anzeige deshalb nicht möglich war, weil der Fehler vorher nicht entdeckt wurde oder nicht zu entdecken war (BGH BB 1956, 477), ob die Fehler offene oder versteckte oder beim Abschluß schon im Keim vorhanden waren, ob den Käufer ein Versäumnis trifft oder nicht, ob zur Zeit der Ablieferung eine Untersuchung nicht möglich war oder ob die Ware vereinbarungsgemäß erst am Bestimmungsort zu untersuchen war, ist gleichgültig (RGRKom § 377 HGB Anm. 144). Nur bei Arglist findet die 6monatige Verjährung keine Anwendung; die Verjährungsfrist beträgt in diesem Falle 30 Jahre (§ 477 BGB). 36

Diese Frist wird unter anderem durch Klageerhebung, durch Anmeldung zum Konkurs oder durch Antrag des Käufers auf Beweisaufnahme zur Sicherung des Beweises unterbrochen. Ein weiterer wichtiger Unterbrechungsgrund ist das formlose Anerkenntnis des Anspruchs durch den Verkäufer. Dazu genügt jedes dem Berechtigten vor Ablauf der Verjährung erkennbar gemachte Verhalten des Verkäufers, aus dem sich die Überzeugung oder auch nur das Bewußtsein des Verpflichteten von dem Bestehen des Anspruches eindeutig ergibt (RG 78, 132).

Bei einer Falschlieferung, bei der eine Sache einer anderen Gattung (aliud) geliefert worden ist (Winter- statt Sommerware), ist nach einer Entscheidung des BGH (BB 1968, 13) die kurze Verjährungsfrist des § 477 BGB nicht anwendbar. Gewiß wolle die kurze Frist des § 477 BGB den Verkäufer schützen, weil das Zurückgreifen auf Mängel der Kaufsache nach längerer Zeit 37

Bedenken begegne. Diesen Schutz verdiene aber ein Verkäufer, der eine ganz andere Sache liefere, nicht. Er könne in aller Regel nicht damit rechnen, daß der Käufer diese Ware hinnehme, so daß der Kauf alsbald abgewikkelt sein würde. Zudem beruhe § 477 BGB nicht nur auf dem Gedanken, den Verkäufer zu schützen, sondern mindestens ebensosehr auf der Erwägung, daß sich Qualitätsmängel nach längerer Zeit kaum noch feststellen ließen. Diesem Gesichtspunkt komme aber bei einer Falschlieferung, bei der eine Sache aus einer anderen Gattung geliefert worden sei, keine Bedeutung zu.

38 Wird eine Mustersendung gekauft, so muß die gelieferte Ware die Eigenschaften des vorliegenden Musters aufweisen. Ist die Ware zwar von verkehrsüblicher Beschaffenheit, weicht sie jedoch von dem vorgegebenen Muster ab, so ist sie fehlerhaft im Sinne von § 7 EB, d. h. die Abweichung vom Muster muß als Mangel gerügt werden (OLG Frankfurt, BB 1984, 177).

§ 8 Zahlung

(1) Die Rechnung wird zum Tag der Lieferung bzw. der Bereitstellung der Ware ausgestellt. Eine Hinausschiebung des Rechnungsverfalls (Valutierung) ist grundsätzlich ausgeschlossen. Sofern eine vorzeitige Lieferung im Sinne der Vertragspartner gerechtfertigt ist, können die Durchführungsbestimmungen Ausnahmen von dieser Regel festsetzen.
(2) Rechnungen sind zahlbar:
1. Innerhalb 10 Tagen vom Tag der Ausstellung der Rechnung an mit 4 % Eilskonto;
2. ab 11. bis 30. Tag vom Tag der Ausstellung der Rechnung an mit 2,25 % Skonto;
3. ab 31. bis 60. Tag vom Tag der Ausstellung der Rechnung an netto
(3) Werden anstelle von barem Geld, Scheck oder Überweisung vom Verkäufer Wechsel angenommen, so wird bei einer Hereinnahme der Wechsel nach dem Nettoziel vom 61. Tag ab Rechnungsdatum ein Zuschlag von 1 % der Wechselsumme berechnet.
(4) Bei Zahlung gemäß Abs. 2 Ziffer 2 werden außer dem Kassaskonto von 2,25 % Vorzinsen in der Höhe der Verzugszinsen gewährt.
(5) Bei Zahlung gemäß Abs. 2 Ziffer 3 werden lediglich Vorzinsen in Höhe der Verzugszinsen vergütet.
(6) Neben dem Skonto von 4 % werden Vorzinsen nicht vergütet.
(7) Statt der vorstehenden Regelung kann wie folgt reguliert werden, sofern sich der Käufer hieran mindestens 12 Monate bindet:

Rechnungen ab	zu begleichen mit 4 % Skonto am	zu begleichen mit 2,25 % Skonto am	zu begleichen netto am
1.–10. eines Monats	15. des gleichen Monats	5. des nächsten Monats	5. des übernächsten Mon.
11.–20. eines Monats	25. des gleichen Monats	15. des nächsten Monats	15. des übernächsten Mon.
21.–ultimo eines Monats	5. des nächsten Monats	25. des nächsten Monats	25. des übernächsten Mon.

Für diese Regulierungsart gelten die Absätze 1 bis 3 entsprechend. Vorzinsen werden in keinem Fall gewährt.
(8) Abänderungen der Regulierungsweise sind 3 Monate vorher anzukündigen.
(9) Zahlungen werden stets zur Begleichung der ältesten fälligen Schuldposten zuzüglich der darauf aufgelaufenen Verzugszinsen verwendet.
(10) Maßgebend für den Tag der Abfertigung der Zahlung ist in jedem Fall der Postabgangsstempel. Bei Banküberweisungen gilt der Vortag der Gutschrift der Bank des Verkäufers als Tag der Abfertigung der Zahlung.
Zusatzbestimmung der Stoffdruck-Konvention:

Liefert der Verkäufer mit Zustimmung des Käufers modische Saisonware fürher als vereinbart, so kann er seine Rechnung auf den ursprünglich vereinbarten Liefertermin ausstellen.
Erfolgt die vorzeitige Lieferung auf Wunsch des Käufers, so ist die Rechnung auf den Liefertag auszustellen.

---

1 Das Rechnungsdatum ist wichtig für die Berechnung der Zahlungsziele. Es ist darauf zu achten, daß der Tag der Rechnungsausstellung mit dem Tag der Lieferung (Versandtag) oder mit dem Tag der Bereitstellung der Ware übereinstimmt. Liegt das Versanddatum später als das Rechnungsdatum, so kann das Rechnungsdatum entsprechend abgeändert werden, wovon der Lieferant in Kenntnis zu setzen ist. Da der Abnehmer im Falle einer Auseinandersetzung mit dem Lieferanten der Beweispflicht unterliegt, muß der die Zeitdifferenz zwischen der Versendung der Ware und der Rechnung nachweisen. Stimmt der Tag der Lieferung (Versandtag) oder der Tag der Bereitstellung der Ware mit dem Tag der Rechnungsausstellung überein, verzögert sich aber der Versand durch das Transportunternehmen, so daß die Ware beim Käufer erhebliche Zeit später eintrifft als die Rechnung, so ist der Lieferant seinen Verpflichtungen gemäß § 8 EB nachgekommen, dem Käufer wird aber faktisch die Skontofrist verkürzt. Dies ist Ausfluß der Beförderungsgefahr, es sei denn, daß den Verkäufer bei der Verzögerung der Auslieferung ein Verschulden trifft.

2 Eine Skontovereinbarung, wie sie in Abs. 2 geregelt ist, stellt rechtlich eine aufschiebende Bedingung gem. § 158 Abs. 1 BGB in Form einer zulässigen Potestativbedingung dar, weil der vereinbarte Skonto unter der Bedingung fristgerechter Zahlung durch den Käufer steht. Das bedeutet aber auch, daß sich der Verkäufer auf die Nichteinhaltung der Zahlungsfrist grundsätzlich dann nicht berufen kann, wenn er die fristgerechte Zahlung durch den Käufer wider Treu und Glauben verhindert hat (§ 162 Abs. 1 BGB; vgl. OLG Düsseldorf DB 1984, 239).

3 Durch den Skonto soll dem Käufer ein Anreiz geboten werden, auf bei ihm vorhandene liquide Mittel und die Möglichkeit, sie für sich zu nutzen, durch Zahlung vor Fälligkeit zu verzichten, und diese liquiden Mittel und ihre Nutzungsmöglichkeit dem Verkäufer zu überlassen.

4 Der Skontoabzug ist im Regelfall nur dann erlaubt, wenn die Gesamtforderung beglichen wird. Grundsätzlich ist deshalb dem Käufer ein Skontoabzug nicht gestattet, wenn er nur einen Teil der Gesamtforderung rechtzeitig bezahlt, mit dem Rest jedoch in Verzug gerät. Nach einem Urteil des OLG Karlsruhe (MDR 1980, 934) ist nach Treu und Glauben von diesem Grundsatz aber dann eine Ausnahme gegeben, wenn der Käufer einen Teil der Kaufpreisforderung deshalb einbehält, weil er Gegenrechte hat. Es sei unbillig, den Käufer mit dem Risiko zu belasten, sein Recht auf Skontoabzug vollständig zu verlieren, wenn er mit seinen Gegenrechten nicht ganz durchdringe. Hier müsse, wenn die Restzahlung nicht offensichtlich mutwillig einbehalten worden sei, der Skontoabzug bezüglich des rechtzeitig bezahlten Betrags bewilligt werden und dem Käufer lediglich das Risiko des Skontoverlustes für den Teil der Forderung aufgebürdet werden, den er – was sich

vielfach erst nach langer Auseinandersetzung erweise – möglicherweise zu Unrecht einbehalten habe. Diese Entscheidung hat für die EB allerdings nur insoweit Bedeutung, als es um die Einbehaltung noch nicht fälliger Rechnungsbeträge z. B. wegen einer Reklamation geht, also innerhalb von 60 Tagen, da die Zurückbehaltung fälliger Rechnungsbeträge gem. § 10 Abs. 2 EB unzulässig ist.

Wird valutiert, so beginnen erst mit dem Valutadatum, also mit dem neuen Rechnungsdatum, die Zahlungsfristen gem. Abs. 2 und Abs. 7 zu laufen. Valuta bedeutet also nicht, daß zum Valutatermin der Rechnungsbetrag fällig ist. 5

Der Skonto ist vom reinen Warenwert zu berechnen. Nebenkosten, wie Warenbezugskosten, bleiben außer Betracht. Eine rein buchungstechnische Frage ist es, ob der Skonto vom Rechnungswert mit oder ohne Mehrwertsteuer berechnet wird. In der Praxis wird die erste Berechnungsart empfohlen. 6

Das Gesetz über den Fristablauf an Sonnabenden vom 10. 8. 1965 wirkt sich auch auf die Fristen des § 8 EB aus. Die Frist also, die an einem Sonnabend auslaufen würde, ist erst am nächstfolgenden Werktag beendet (Gutachterkreis am 21. 2. 1967). 7

Das grundsätzliche Verbot der Valutierung war bereits in den alten Konditionen enthalten. Es bestand jedoch die Möglichkeit, in Zusatzbestimmungen Ausnahmen von diesem Verbot festzulegen. Auch die neuen Bedingungen geben mit Rücksicht auf die in einigen Sparten vorkommenden Valutierungen die Möglichkeit, das grundsätzliche Verbot durch Durchführungsbestimmungen den gegebenen Umständen anzupassen. Bisher ist eine solche Regelung jedoch nur von der Stoff-Konvention getroffen worden (siehe oben), so daß im übrigen jede Valutierung, ganz gleich aus welchem Grunde sie erfolgt (auch z. B. zu Geschäftseröffnungen, Jubiläen etc.), unzulässig ist. Als eine Valutierung ist es nicht anzusehen, wenn die Ware seitens des Verkäufers vor dem vereinbarten Liefertermin ausgeliefert wird. Die Rechnung ist dann auf den vereinbarten Liefertermin auszustellen. Hiermit wird nicht gegen das Valutierungsverbot verstoßen. Das Valutierungsverbot greift aber wieder, wenn die vorzeitige Auslieferung auf Wunsch des Käufers erfolgte. 8

Ebenso erlaubt es eine häufig in der Praxis zu findende Klausel »Lieferung März, ausgeliefert 31. März« nicht, daß bei einer Lieferung im März die Rechnung auf den 31. März valutiert wird; vielmehr ist hier die Lieferzeit der gesamte Monat März, so daß das Rechnungsdatum, das auf den konkreten Lieferzeitpunkt im März abstellt, nicht hinausgeschoben werden darf. 9

Der Barzahlung wird die Begleichung des Kaufpreises durch Scheck oder Überweisung gleichgestellt. Eine Wechselzahlung kann der Verkäufer ablehnen, da kein Lieferant verpflichtet ist, einen Wechsel in Zahlung zu nehmen, und zwar auch dann nicht, wenn er bisher Wechsel eines Abnehmers hereingenommen hat. Die frühere Streitfrage, von welchem Zeitpunkt an die Berechnung des 1 %igen Wechselzuschlags möglich ist, wurde dahingehend entschieden, daß die Berechnung bei einer Wechselhereinnahme nach dem Nettoziel vom 61. Tag ab erfolgen darf (Abs. 3). Da es sich dann 10

um eine Zahlung im Verzug des Käufers handelt, treten auch die Folgen von § 9 EB ein.
Nimmt der Verkäufer Wechselzahlungen vor dem 60. Tag entgegen, so werden diese Wechselzahlungen anderen Zahlungen gleichgestellt. Somit ist bis zum Nettoziel am 60. Tag kein Wechselzuschlag zu zahlen (argumentum e contratio Abs. 3).

11 Der 1 %ige Zuschlag ist lediglich auf die Hauptsumme des Wechsels, nicht auf die Nebenkosten, zu entrichten (Gutachterkreis vom 29. 4. 1969). Nimmt der Verkäufer Wechsel entgegen, so werden diese Wechselzahlungen anderen Zahlungen gleichgestellt, d. h. der Käufer hat auch in diesem Fall die Möglichkeit der Skontierung gemäß Abs. 2 (Gutachterkreis am 29. 4. 1969).

12 Wird ein Wechsel prolongiert, so ist der Wechselzuschlag nicht erneut in Anrechnung zu bringen. Das gilt aber nur für echte Prolongationen. Eine solche liegt vor, wenn ein neues Papier nicht ausgestellt wird. Wird dagegen eine Wechselschuld dadurch prolongiert, daß ein neues Papier hingegeben wird – dies gilt in der Regel –, so kann der Wechselzuschlag erneut erhoben werden (Gutachterkreis 14. 1. 1975).

13 Die Hingabe von Wechseln erfolgt erfüllungshalber (§ 364 Abs. 2 BGB), d. h. die Kaufpreisforderung erlischt erst dann, wenn der Wechsel eingelöst wird. Das ist bedeutsam hinsichtlich des Eigentumsvorbehalts nach § 11 EB, der also durch Annahme eines Wechsels in seinem Bestand nicht berührt wird.

14 Die in Abs. 4 und 5 erwähnten Vorzinsen liegen ebenso wie die Verzugszinsen (§ 9 EB) 3 % über dem jeweiligen Bundesbankdiskontsatz (vgl. hierzu im einzelnen nachstehende Vorzinstabelle).

15 Bei der Dekadenregulierung gemäß Abs. 7 ist zu beachten, daß Änderungen in der Regulierungsweise drei Monate vorher angekündigt werden müssen und der Käufer an die von ihm gewünschte Dekadenregulierung mindestens 12 Monate gebunden bleibt. Will mithin der Käufer von der einen Regulierungsart auf die andere Regulierungsart umwechseln, so hat er das mindestens 3 Monate vorher dem Verkäufer anzuzeigen (Abs. 8), z. B. wenn ein Käufer, der bisher nach Abs. 2 reguliert hat, auf eine Dekadenregulierung gemäß Abs. 7 übergehen will; will im umgekehrten Fall ein Käufer, der bisher eine Dekadenregulierung vorgenommen hat, gemäß Abs. 2 regulieren, so hat er zu beachten, daß er an die Dekadenregulierung mindestens 12 Monate gebunden ist.
Beim Erstgeschäft hat der Käufer grundsätzlich die Wahl zwischen einer Skontierung gemäß Abs. 2 oder der Dekadenregulierung gemäß Abs. 7. Er braucht dies weder bei Vertragsabschluß noch bei Lieferung der Ware anzukündigen. Reguliert er gemäß Abs. 7, so ist er an diese Dekadenregulierung allerdings 12 Monate gebunden. Will der Verkäufer Klarheit haben, ob sein zukünftiger Abnehmer gemäß Abs. 2 oder gemäß Abs. 7 regulieren will, so hat er beim Käufer anzufragen, der sich dann auf diese Anfrage bindend erklären muß und gemäß Abs. 8 nur mit Ankündigung von mindestens drei Monaten von der einen Regulierungsart zur anderen wechseln kann.
Vorzinsen werden bei der Dekadenregulierung nicht gewährt.

16 Die Zahlungsweise ist in § 10 EB geregelt. Sie kann in barem Geld, per Scheck, Bank-, Giro- oder Postschecküberweisung erfolgen. Gelegentlich wird auch im Bankeinzugsverfahren reguliert. Dies bedarf einer besonderen

Vereinbarung zwischen den Vertragspartnern. Ein zusätzlicher Abzug zum konditionsgemäßen Skonto mit der Begründung, daß der Verkäufer aufgrund dieses Verfahrens Arbeit und Kosten in seinem Betrieb einspare, ist mit den Einheitsbedingungen nicht zu vereinbaren.

Maßgebend für den Tag der Abfertigung der Zahlung, d. h. für die fristgerechte Erfüllung, ist in jedem Fall der Postabgangsstempel. Diese Bestimmung hat besondere Bedeutung für Zahlung mittels Postschecks, Bar- oder Verrechnungsschecks. Lediglich bei Banküberweisungen gilt der Vortag der Gutschrift der Bank des Verkäufers als Tag der Zahlungserfüllung. Es genügt hiernach, wenn ein Post-, Bar- oder Verrechnungsscheck am 10. (bzw. 30. bzw. 60.) Tag nach Ausstellung der Rechnung abgeschickt wird und den Poststempel jenes Tages erhält, und zwar unabhängig davon, wann der Scheck beim Empfänger eintrifft und dieser aufgrund des Schecks eine Gutschrift auf seinem Konto erhält. Für den Käufer ist die Möglichkeit der Zahlung per Scheck günstiger als mittels Banküberweisungsauftrag; denn für diesen Fall des Zahlungsverkehrs gilt lediglich der Vortag der Gutschrift der Bank des Verkäufers als Tag der Zahlungserfüllung. Die Zeit des Bankverkehrs geht somit im wesentlichen zu Lasten des Käufers. 17

Die vielfach zu beobachtende Übung, daß besonders günstige Warenposten (Saldo- oder Wandverkäufe) nur netto zu bezahlen sind, verstößt gegen die Einheitsbedingungen. Auch diese Verkäufe können nach den in den Einheitsbedingungen festgelegten Zahlungszielen unter Abzug der entsprechenden Skonti beglichen werden (Gutachterkreis am 29. 4. 1969). 18

Die im GemKom (§ 8 Anm. 5) vertretene Auffassung, daß bei solchen Sonderverkäufen ausdrücklich ein Nettopreis vereinbart werden könne, von dem dann kein Skonto gezogen werden dürfe, ist im Grundsatz richtig, trifft jedoch nicht für Mitglieder der Konditionenkartelle zu, da diese sich an den Wortlaut der Einheitsbedingungen satzungsgemäß zu halten haben.

Werden in besonderen Fällen Boni oder Rabatte gewährt, so kann die Skontierung von dem ursprünglichen Rechnungsbetrag vorgenommen werden. Von dem dann verbleibenden Restbetrag sind die anderen Vergütungen abzuziehen (vgl. Wessel in BB 1965, 311). Abweichende Regelungen zwischen den Vertragsparteien sind möglich. 19

Sowohl bei bestellten wie bei unbestellten Auswahlsendungen beginnt die Skontofrist mit der Billigung durch den Käufer zu laufen, d. h. von dem Tag an, an dem die Erklärung des Käufers, die Auswahlsendung ganz oder teilweise zu kaufen, beim Verkäufer eingeht. 20

Bei bestellten Auswahlsendungen mit Rückäußerungsfrist ist der Käufer gehalten, seine Entscheidung innerhalb der ihm vom Verkäufer gestellten Frist zu erklären, andernfalls der Kaufvertrag mit Ablauf der Frist als zustande gekommen gilt (§ 496 BGB). Auswahlsendungen sind Sendungen, die gekauft werden können, während nach Mustersendungen bestellt werden soll, ohne daß die Kollektion selbst gekauft werden kann (Gutachterkreis am 29. 4. 1969).

Wird Ware in Kommission übernommen, davon ein Teil verkauft und der Rest zurückgesandt, so ist der Käufer nicht berechtigt, von der dann übersandten Rechnung des Herstellers Skonto zu ziehen. Der Verkauf eines jeden einzelnen Stücks, das nicht sofort mit dem Lieferanten abgerechnet 21 wird, stellt eine versteckte Valutierung dar, die nicht statthaft ist. Skonto kann also nur innerhalb von 10 oder 30 Tagen nach Verkauf jedes einzelnen Stücks gezogen werden.

22 Eine Nachnahmesendung braucht der Käufer nicht anzunehmen (es sei denn, sie ist vereinbart). Nach den Einheitsbedingungen ist der Käufer mit Ausnahme des Falles des § 9 Abs. 3 EB nicht vorleistungspflichtig.

23 Während §§ 366, 367 BGB dem Schuldner das Recht geben zu bestimmen, auf welche Schuld sich die Leistung beziehen soll, regelt Abs. 9, daß Zahlungen stets zur Begleichung der ältesten fälligen Schuldposten zuzüglich der darauf aufgelaufenen Verzugszinsen verwendet werden müssen. Die Schuldposten müssen allerdings fällig sein, andernfalls der Käufer bestimmen kann, daß seine Zahlung für eine spätere Rechnung zu verwenden ist, um z. B. in den Genuß des Eilskontos zu kommen.

24 Für den Skontoabzug bei Berücksichtigung einer Gutschrift ist folgendes zu beachten: Bezieht sich die Gutschrift auf die gleiche Sendung, dann sieht die Rechnung so aus:

Rechnungsbetrag	DM 1000,—
⁒ Gutschrift	DM 400,—
	DM 600,—
⁒ 4 % (v. 600,— DM)	DM 24,—
zu zahlen	DM 576,—

Der Skontobetrag wird also berechnet von der im Geschäft verbliebenen Ware.

Anders ist es, wenn sich die Gutschrift auf eine frühere Sendung oder einen anderen Rechtsgrund bezieht. Dann muß so reguliert werden:

Rechnungsbetrag	
⁒ 4 % (v. 1000,— DM)	DM 40,—
	DM 960,—
⁒ Gutschrift	DM 400,—
zu zahlen	DM 560,—

Bei dem zweiten Beispiel, wo sich die Gutschrift auf eine frühere Sendung oder einen anderen Rechtsgrund bezieht, muß unterschieden werden, ob die frühere Rechnung mit Skonto bezahlt wurde oder nicht. Es gilt stets der Grundsatz, daß die Gutschrift nur in Höhe des Betrages erfolgen kann, den der Käufer vorher tatsächlich gezahlt hatte. Deshalb sind hier folgende Fälle zu unterscheiden.

1. Die früher gelieferte und jetzt dem Käufer gutzuschreibende Ware wurde zuvor mit 4 % Eilskonto bezahlt.

Beispiel:

Rechnungsbetrag		DM 1000,—
⁒ 4 % Eilskonto aus	DM 1000,—	DM 40,—
		DM 960,—
⁒ Gutschrift	DM 400,—	
⁒ 4 % Eilskonto aus DM 400,—	DM 16,—	DM 384,—
zu zahlen		DM 576,—

2. Die früher gelieferte und jetzt dem Käufer gutzuschreibende Ware wurde zuvor mit 2,25 % Skonto bezahlt.
Beispiel:

Rechnungsbetrag		DM 1000,—
⁒ 4 % Skonto aus	DM 1000,—	DM 40,—
		DM 960,—
⁒ Gutschrift	DM 400,—	
⁒ 2,25 % Skonto aus DM 400,—	DM 9,—	DM 391,—
zu zahlen		DM 569,—

3. Die früher gelieferte und jetzt dem Käufer gutzuschreibende Ware wurde zuvor ohne Skontoabzug bezahlt.
Beispiel:

Rechnungsbetrag		DM 1000,—
⁒ 4 % Eilskonto aus	DM 1000,—	DM 40,—
		DM 960,—
⁒ Gutschrift		DM 400,—
zu zahlen		DM 560,—

Der Eilskonto von 4 % entspricht einem Jahreszinssatz von 28,8 % und der Skonto von 2,25 % einem solchen von 27 %. Die Berechnungsformel lautet

$$\frac{\text{Skonto in \% x 360 Tage}}{\text{Zahlungsziel netto ⁒ Skontotage}}$$

Vorzinstabelle

1. Kondition: Keine Vorzinsen (§ 8 Abs. 6)

2. Kondition (§ 8 Abs. 4):

Zahlungstag (vom Tag der Ausstellung der Rechnung)	Anzahl der Tage bis zum Ende der Kondition	Skonto + Vorzinsen in % bei einem Diskontsatz von 3 %	3,5 %	4 %	4,5 %	5 %
11.	19	2,566	2,593	2,619	2,646	2,672
12.	18	2,55	2,575	2,6	2,625	2,649
13.	17	2,533	2,557	2,581	2,604	2,627
14.	16	2,516	2,539	2,561	2,583	2,605
15.	15	2,5	2,521	2,542	2,562	2,583
16.	14	2,483	2,503	2,522	2,542	2,561
17.	13	2,466	2,485	2,503	2,521	2,538
18.	12	2,45	2,467	2,483	2,5	2,516
19.	11	2,433	2,449	2,464	2,479	2,494
20.	10	2,416	2,43	2,444	2,458	2,472
21.	9	2,4	2,412	2,425	2,437	2,45
22.	8	2,383	2,394	2,406	2,417	2,427
23.	7	2,366	2,376	2,386	2,396	2,405
24.	6	2,35	2,358	2,367	2,375	2,383
25.	5	2,333	2,34	2,347	2,354	2,361
26.	4	2,316	2,322	2,328	2,333	2,338
27.	3	2,305	2,304	2,308	2,312	2,316
28.	2	2,283	2,286	2,289	2,292	2,294
29.	1	2,25	2,25	2,25	2,25	2,25
30.	—	2,25	2,25	2,25	2,25	2,25

3. Kondition (§ 8 Abs. 5):

Zahlungstag (vom Tag der Ausstellung der Rechnung)	Anzahl der Tage bis zum Ende der Kondition	Vorzinsen in % bei einem Diskontsatz von 3 %	3,5 %	4 %	4,5 %	5 %
31.	29	0,483	0,524	0,564	0,604	0,644
32.	28	0,466	0,506	0,544	0,583	0,522
33.	27	0,45	0,487	0,525	0,562	0,599
34.	26	0,433	0,469	0,506	0,542	0,577
35.	25	0,416	0,451	0,486	0,521	0,555
36.	24	0,4	0,433	0,467	0,500	0,533
37.	23	0,383	0,415	0,447	0,479	0,511
38.	22	0,366	0,397	0,428	0,458	0,488
39.	21	0,35	0,379	0,408	0,437	0,466
40.	20	0,333	0,361	0,389	0,417	0,444
41.	19	0,316	0,343	0,369	0,396	0,422
42.	18	0,3	0,325	0,35	0,375	0,399
43.	17	0,283	0,307	0,331	0,354	0,377
44.	16	0,266	0,289	0,311	0,333	0,355
45.	15	0,25	0,271	0,292	0,312	0,333
46.	14	0,233	0,253	0,272	0,292	0,311
47.	13	0,216	0,235	0,253	0,271	0,288
48.	12	0,2	0,217	0,233	0,25	0,266
49.	11	0,183	0,199	0,214	0,229	0,244
50.	10	0,166	0,181	0,194	0,208	0,222
51.	9	0,150	0,162	0,175	0,187	0,2
52.	8	0,133	0,144	0,156	0,167	0,177
53.	7	0,116	0,126	0,136	0,146	0,155
54.	6	0,1	0,108	0,117	0,125	0,133
55.	5	0,083	0,09	0,097	0,104	0,111
56.	4	0,060	0,072	0,078	0,083	0,088
57.	3	0,050	0,054	0,058	0,062	0,066
58.	2	0,033	0,036	0,039	0,042	0,044
59	1	Ziel	Ziel	Ziel	Ziel	Ziel
60.	—	Ziel	Ziel	Ziel	Ziel	Ziel

Die Ermittlung des Vorzinsen-Prozentsatzes erfolgt nach folgender Formel, wobei der Diskontsatz variabel ist:

$$\frac{5\,\%\ \text{Diskont} + 3\,\%\ \text{Verzugszinsen} \times \text{Anzahl der Tage bis zum Ende der Kondition}}{360} = \text{Vorzinsen Prozentsatz}$$

§ 9 Zahlungsverzug

(1) Bei Zahlung nach Fälligkeit werden Verzugszinsen in Höhe von 3 % über Bundesbankdiskont berechnet.
(2) Vor völliger Zahlung fälliger Rechnungsbeträge einschließlich Verzugszinsen ist der Verkäufer zu keiner weiteren Lieferung aus irgendeinem laufenden Vertrag verpflichtet.
(3) Ist der Käufer mit einer fälligen Zahlung in Verzug oder tritt in seinen Vermögensverhältnissen eine wesentliche Verschlechterung ein, so kann der Verkäufer für noch ausstehende Lieferungen aus irgendeinem laufenden Vertrag unter Fortfall des Zahlungsziels bare Zahlung vor Ablieferung der Ware verlangen.

---

1 Die Formulierung in Abs. 1, daß nach Fälligkeit Verzugszinsen berechnet werden, kann zu Zweifeln Anlaß geben. Grundsätzlich können Verzugszinsen – wie es auch aus dem Wort bereits hervorgeht – nur vom Zeitpunkt eines Verzuges an erhoben werden. Ein Verzug tritt ein, wenn der Schuldner auf eine Mahnung nach Fälligkeit hin nicht leistet (§ 284 Abs. 1 Satz 1 BGB). Eine Mahnung ist nur dann entbehrlich, wenn für die Leistung eine Zeit nach dem Kalender bestimmt ist (§ 284 Abs. 2 Satz 1 BGB). Nach einer Entscheidung des Langerichts Mannheim (BB 1968, 269) ist bei einer Regelung wie der des § 9 Abs. 1 EB in Verbindung mit den Skontofristen des § 8 EB keine kalendermäßige bestimmte Leistung des Schuldners gegeben. Aus der Vereinbarung, daß innerhalb einer Frist vom Tage der Ausstellung der Rechnung an zu zahlen sei, könne ein kalendermäßiger Zahlungszeitpunkt nicht berechnet werden. Die bloße Möglichkeit der Berechnung der Leistungszeit nach dem Kalender ohne ihre Abhängigkeit von einem zeitlich ungewissen Ereignis (Rechnungserteilung, hier: zu welchem Datum die Rechnung ausgestellt ist) genüge insoweit nicht. In diesem Sinn hat sich auch Wittmann in einer Anm. zum Urteil des LG Mannheim geäußert: Allgemeine Geschäftsbedingungen könnten, da sie wesensmäßig für eine Vielzahl von Vertragsabschlüssen geschaffen würden, die Fälligkeitsfrage für die Zahlungsverpflichtung des Schuldners zwangsläufig nur in unmittelbarer oder mittelbarer Bezogenheit zur Leistung des Gläubigers regeln. Unmittelbar geschehe das beispielsweise durch Anknüpfung an die »Lieferung«, den »Erhalt« oder »Empfang« der Sendung, mittelbar durch Abstellen auf die Erteilung der Rechnung oder deren Datum. Eine solche Leistungsbezogenheit des Fälligkeitszeitpunktes stelle aber keine Zeitbestimmung nach dem Kalender im Sinne des § 284 Abs. 2 Satz 1 BGB dar. Nach diesen Grundsätzen müßte auch nach den Einheitskonditionen entgegen dem Text des § 9 EB eine gesonderte Inverzugsetzung erfolgen.
Demgegenüber vertritt das Landgericht Münster (Beschluß v. 11. 11. 1964 – Az: 7 T 6/64) die Auffassung, daß § 9 Abs. 1 EB bewußt von der dispositiven Bestimmung des § 284 BGB abgewichen ist, um vereinbarungsgemäß eine andere Regelung der Voraussetzungen und der Folgen des Verzuges her-

beizuführen. Aus den Bestimmungen der §§ 8 und 9 EB ergebe sich eindeutig, daß unter Abänderung der Bestimmungen des § 284 BGB der Käufer mit der Zahlung des Kaufpreises auch ohne Mahnung im Zeitpunkt der Fälligkeit des Rechnungsbetrags in Verzug geraten solle. Denn einmal sei gemäß § 8 Abs. 2 EB die Rechnung spätestens 60 Tage vom Tage der Ausstellung der Rechnung ab zahlbar; des weiteren würden nach § 9 Abs. 1 EB bei einer Zahlung nach Fälligkeit Verzugszinsen in Höhe von 3 % über Bundesbankdiskontsatz erhoben. Auch in den Bestimmungen des § 8 Abs. 9 und des § 9 Abs. 2 und 3 EB sei von Verzugszinsen bzw. von Verzug bezüglich fälliger Zahlungen die Rede. Aus diesen Bestimmungen ergebe sich damit eindeutig, daß der Käufer sich nach der Fälligkeit eines Rechnungsbetrags ohne jedes weitere Erfordernis wie Mahnung oder Bestimmung der Zeit nach dem Kalender, in Verzug befinden solle. Anderenfalls hätten die Parteien nicht die Worte »Verzugszinsen« und »Verzug« insoweit gewählt, sondern die Ausdrücke »Fälligkeitszinsen« und »Fälligkeit« ausschließlich verwandt und hätten dann sogar höhere Zinsen vereinbaren können.
Dieser Auffassung des LG Münster ist der Vorzug zu geben. Durch die Regelung im § 9 Abs. 1 EB sollte nach dem Willen der seinerzeitigen Konditionenpartner gerade vermieden werden, daß es bei Überschreitung des letzten Zahlungsziels noch einer besonderen Mahnung bedürfe, um Verzugsfolgen in Gang zu setzen. Die Konditionen wollen insoweit klare Verhältnisse im Sinne des § 284 Abs. 2 Satz 1 BGB schaffen und durch die Regelung im Abs. 1 gerade vermeiden, daß es bei Überschreitung des letzten Zahlungsziels noch einer besonderen Mahnung bedarf, um Verzugsfolgen in Gang zu setzen. Der Käufer hat somit nach Fälligkeit, die sich nach dem Rechnungsdatum eindeutig berechnen läßt (§ 8 EB), Verzugszinsen in Höhe von 3 % über dem jeweiligen Bundesbankdiskontsatz zu zahlen, und zwar ohne daß es noch einer besonderen Inverzugsetzung bedarf.
Dieser Rechtsauffassung hat sich auch das AG Wuppertal (Urt. v. 27. 3. 1973 – Az: 56 C 23/73), allerdings ohne nähere Begründung, angeschlossen. Der Gutachterkreis (am 14. 1. 1975) hat hierzu die Auffassung vertreten, nach der Rechtsprechung ergebe sich aus den Bestimmungen der Einheitsbedingungen, daß in Abweichung vom Gesetz auch ohne Mahnung Verzugsfolgen in Gang gesetzt würden. In Abs. 1 sei bewußt auf die Fälligkeit abgestellt worden. Durch diese Bestimmung wolle man erreichen, daß es bei Überschreitung des letzten Zahlungsziels einer besonderen Mahnung nicht bedürfe, wenn die Verzugsfolgen eintreten sollen. Für die Geltendmachung der Zinsen bedürfe es daher einer Mahnung nicht. Es sei auch anzuregen, die Überschrift des § 9 EB »Zahlungsverzug« zu ändern in »Zahlung nach Fälligkeit«.

Die Höhe der Verzugszinsen liegt bei 3 % über dem jeweiligen Bundesbank- 2
diskontsatz. Damit ist der gesetzliche Zinssatz von 4 % in § 288 BGB und von 5 % in § 352 HGB außer Kraft gesetzt worden. Die Annahme des GemKom. (§ 9 Anm. 2), daß ein weitergehender Schaden gemäß § 288 Abs. 2 BGB bei entsprechendem Nachweis verlangt werden könne, ist irrig. Die Einheitsbedingungen treffen über die Höhe des Verzugszinssatzes eine abschließende Regelung, so daß daneben nicht auch noch ein höherer nachgewiesener Zinssatz in Rechnung gestellt werden kann. Andernfalls hätte eine dem

§ 288 Abs. 2 BGB entsprechende Regelung in die Einheitsbedingungen aufgenommen werden müssen.

3 Abs. 2 begründet ein Zurückbehaltungsrecht vor völliger Zahlung fälliger Rechnungsbeträge. § 273 BGB gewährt dieses Recht zwar auch wegen fälliger anderer Ansprüche, aber nur, soweit sie auf demselben rechtlichen Verhältnis beruhen, wie die zurückbehaltene Leistung. Diese Einschränkung fehlt in Abs. 2, so daß der Verkäufer seine Leistung auch zurückbehalten kann, wenn eine Konnexität mit Altschulden nicht gegeben ist. Konnexität wird man zwar bei laufenden Geschäftsbeziehungen hinsichtlich aller daraus entstehenden Forderungen grundsätzlich unterstellen können; zwingend ist das jedoch nicht (BGH 54, 244, 250). Jedenfalls schließt der BGH (BB 1985, 292) aus der insoweit fehlenden Unterscheidung zwischen konnexen und nichtkonnexen Altschulden, daß durch eine solche Klausel der Käufer, der die Zurückbehaltung abwenden oder beenden will, zu weitergehenden Leistungen gezwungen wird, als es das dispositive Recht in § 273 BGB vorsieht. Es sei unangemessen, den einmal erworbenen Anspruch des Verkäufers auf Vorleistung in weiterem Umfang als das vom Gesetz vorgesehen nachträglich wieder zu nehmen. Die Klausel sei daher gemäß § 9 Abs. 2 Nr. 1, § 24 Abs. 2 AGBG unwirksam.

4 Auch das in Abs. 3 geregelte Recht des Verkäufers, Vorkasse zu verlangen, wenn der Käufer mit einer fälligen Zahlung in Verzug ist oder sich eine Verschlechterung in seinen Vermögensverhältnissen einstellt, ist nach Auffassung des BGH (aaO) unangemessen und damit unwirksam. Die Abweichung von der gesetzlichen Regelung liege darin, daß sie den Verkäufer berechtige, durch Zurückbehaltung der geschuldeten eigenen Leistung die Erfüllung aller offenen Forderungen, d. h. von Forderungen nicht nur aus dem laufenden, beiderseits noch nicht erfüllten Vertrag, sondern auch aus anderen Verträgen, durchzusetzen. Demgegenüber gewähre § 321 BGB dem Verkäufer bei Gefährdung der Gegenleistung durch Vermögensverschlechterung des Käufers das Recht auf Zahlung oder Sicherheitsleistung nur hinsichtlich der gefährdeten Gegenleistung für die zurückgehaltene Leistung.

5 Für die Einheitsbedingungen bedeutet diese Entscheidung des BGH, daß bei dem Zurückbehaltungsrecht des Abs. 2 von Fall zu Fall geprüft werden muß, ob Konnexität gegeben ist. Für Abs. 3 würde diese Entscheidung bedeuten, daß diese Klausel nur anwendbar wäre bei Forderungen aus dem konkreten Vertragsverhältnis, nicht jedoch aus Altschulden. Diese Konsequenz ist praxisfremd. Es bleibt zu hoffen, daß der BGH seine Rechtsauffassung revidieren wird.

6 Beim Zurückbehaltungsrecht des § 273 BGB muß – wie ausgeführt (Anm. 3) – Konnexität bestehen, d. h. Anspruch und Gegenanspruch müssen auf demselben rechtlichen Verhältnis beruhen, es muß ein »innerer, natürlicher wirtschaftlicher Zusammenhang« beider Ansprüche der Art bestehen, daß es treuwidrig wäre, wenn der eine Anspruch ohne Rücksicht auf den anderen geltendgemacht und durchgesetzt werden könnte (Palandt § 273 Anm. 4).

In der Textilbranche dürfte Konnexität zwischen allen Kaufpreisforderungen aus einer laufenden Geschäftsverbindung bestehen, so daß gegen die Geltendmachung des Zurückbehaltungsrechts gemäß Abs. 2 keine Bedenken bestehen, d. h. solange ein aus dieser Geschäftsverbindung resultierender fälliger Rechnungsbetrag einschließlich der Verzugszinsen nicht beglichen ist, ist der Verkäufer zu keiner weiteren Lieferung verpflichtet. Einer besonderen Inverzugsetzung bedarf es nicht; es genügt, daß die Fälligkeit der Forderung eingetreten ist.

Ist aufgrund des Leistungsverweigerungsrechts des Verkäufers die Lieferfrist abgelaufen, so gerät der Käufer in Abnahmeverzug, d. h. der Verkäufer kann gemäß § 4 Abs. 7 EB nach Setzung einer Nachfrist von 10 Tagen entweder eine Rückstandsrechnung ausstellen oder vom Vertrag zurücktreten oder Schadensersatz verlangen. Das nach § 4 Abs. 7 EB geforderte Verschulden des Käufers ergibt sich aus der Nichtzahlung fälliger Rechnungsbeträge (Gutachterkreis am 4. 1. 1975). 7

Während der Zeit, in der fällige Rechnungsbeträge zu leisten sind und der Verkäufer deshalb zur Lieferung nicht verpflichtet ist, kann der Käufer keine Lieferrechte aus den Einheitsbedingungen herleiten. Insbesondere kann er auch nicht gemäß § 6 Abs. 2 EB rechtswirksame Fristen mit Schadensersatzbegehren setzen. Dies folgt schon aus dem allgemeinen Grundsatz, daß derjenige, der selbst vertragsuntreu ist, sich nicht auf die Vertragsuntreue des anderen Vertragsteils berufen kann (vgl. RG 109, 55 und 152, 123). Zum anderen rechtfertigt das Zurückbehaltungsrecht gerade das Überschreiten der Lieferfrist wegen des Zahlungsverzugs des Käufers (so auch LG Hamburg, Urt. vom 11. 1. 1972 – Az: 62 S 7/71). 8

Während der Geltendmachung des Zurückbehaltungsrechts laufen die Liefer- und Nachlieferungsfristen weiter. Ist die Lieferfrist abgelaufen, kann der Verkäufer nach § 4 Abs. 7 EB vorgehen (siehe Anm. 7). 9

Ist auch die Nachlieferungsfrist abgelaufen (§ 6 Abs. 1 und 3 EB), wird der Verkäufer von seiner Lieferverpflichtung frei. Irgendwelche Belieferungs- oder Schadensersatzrechte des Käufers bestehen jetzt auch dann nicht mehr, wenn er die fälligen Forderungen bezahlt.

Begleicht der Käufer während der Nachlieferungsfrist die fälligen Rechnungsbeträge, so muß der Verkäufer seiner Lieferverpflichtung bis zum Ablauf der Nachlieferungsfrist nachkommen; § 6 EB ist wieder in vollem Umfang anwendbar.

Macht der Verkäufer von seinem Zurückbehaltungsrecht Gebrauch und werden in dieser Zeit neue Lieferverträge abgeschlossen, so sind diese im vollen Umfang wirksam. Allerdings kann auch im Hinblick auf diese neuen Lieferverpflichtungen das Zurückbehaltungsrecht geltend gemacht werden, wenn noch immer – oder schon wieder – fällige Rechnungsbeträge seitens des Käufers offenstehen. Wenn allerdings bei Abschluß des neuen Vertrags aus den Umständen ersichtlich ist, daß der Verkäufer sein Zurückbehaltungsrecht nicht ausüben werde (z. B. weil er eine Lieferung zu den normalen Skontofristen vornimmt), ist eine Berufung auf das Nichtlaufen der Lieferfristen rechtsmißbräuchlich (LG Berlin, Urt. v. 14. 2. 1952 – Az: 71 S 531/51). 10

Tritt nach Vertragsabschluß in den Vermögensverhältnissen des Käufers eine wesentliche Verschlechterung ein, durch die der Anspruch auf den Kaufpreis gefährdet wird, so kann auch dann der Verkäufer gemäß Abs. 3 ein Zurückbehaltungsrecht geltend machen, bis der Kaufpreis gezahlt oder 11

Sicherheit dafür geleistet wird. Abs. 3 gibt also nur eine Einrede, bis die Leistung des Käufers bewirkt oder Sicherheit geleistet ist. Alsdann wird auch die Lieferverpflichtung des Verkäufers fällig.

12 Die wesentliche Verschlechterung der Vermögensverhältnisse des Käufers muß der Verkäufer beweisen. Hierbei sind strenge Maßstäbe anzulegen. Eine zeitweise Illiquidität dürfte als »wesentliche Verschlechterung der Vermögensverhältnisse« nicht ausreichen, da die Illiquidität nicht das Vermögen, sondern die Fähigkeit der flüssigen Zahlung betrifft (OLG Stuttgart, Urt. v. 8. 11. 1979 – Az: 3 U 135/79). Eine wesentliche Verschlechterung der Vermögensverhältnisse ist z. B. ein drohendes Vergleichs- oder Konkursverfahren, die Befürchtung der Zahlungseinstellung, die Ablehnung eines aussichtsreichen Kreditgesuchs oder die Einzelvollstreckung aus alten Schulden (BGH NJW 964, 99).

§ 10 Zahlungsweise

(1) Die Zahlung hat zu erfolgen in barem Geld, Scheck-, Bank-, Giro- oder Postschecküberweisung.
(2) Die Aufrechnung ist nur mit unbestrittenen oder rechtskräftig festgestellten Forderungen zulässig. Die Zurückbehaltung fälliger Rechnungsbeträge ist unzulässig; dies gilt nicht im Falle der Zahlungseinstellung des Verkäufers. Sonstige Abzüge (z. B. Porto) sind unzulässig.
(3) Wechsel, soweit sie in Zahlung genommen werden, werden nur gegen Erstattung der Bank-, Diskont- und Einziehungsspesen angenommen. Wechsel und Akzepte mit einer Laufzeit von mehr als 3 Monaten werden nicht angenommen.

Die Zahlung des Kaufpreises hat zur Folge, daß die Kaufpreisforderung erlischt (§ 362 BGB). Dieses Erlöschen der Forderung ist nicht zu verwechseln mit der Abfertigung der Zahlung gemäß § 8 Abs. 10 EB. Die der Zahlung zugrundeliegende Forderung erlischt grundsätzlich erst dann, wenn der Verkäufer über den Kaufpreis verfügen kann, d. h. bei Überweisungen, wenn das Geld seinem Konto gutgeschrieben wird, und bei Scheckhingabe dann, wenn die Schecksumme gutgeschrieben und der Scheck von der Bank des Käufers eingelöst wird. 1

Abs. 2 ist auf Anregung des Bundeskartellamts im Jahre 1985 geändert worden. In der alten Fassung hieß es: »Die Aufrechnung mit bestrittenen Gegenforderungen und die Zurückbehaltung fälliger Rechnungsbeträge sind unzulässig«. Dieses negativ formulierte Aufrechnungsverbot wurde § 11 Nr. 3 AGBG angepaßt. Das Bundeskartellamt begründet seine Anregung wie folgt (Schreiben vom 13. 12. 1983 Az: B2-648700-B-49/83): »Es geht hierbei nicht nur um den Ersatz einer negativ formulierten durch eine positiv gefaßte Regelung, sondern insbesondere darum, daß durch die nach der jetzigen Fassung der EB mögliche Verweigerung der Aufrechnung mit rechtskräftig festgestellten, vom Verkäufer aber nach wie vor bestrittenen Forderungen ausgeschlossen wird.« 2

Nach dem AGBG sind Aufrechnungsverbote nicht generell verboten; sie dürfen jedoch unbestrittene oder rechtskräftig festgestellte Forderungen nicht der Aufrechnungsmöglichkeit entziehen. Das gilt auch für den kaufmännischen Geschäftsverkehr (BGH DB 1977, 627 u. 993).

Vom Verkäufer anerkannte und rechtskräftig festgestellte Forderungen können also zur Aufrechnung gestellt werden. Die Aufrechnung muß vom Verkäufer erklärt werden und hat dann zur Folge, daß die beiderseitigen Forderungen als in dem Zeitpunkt erloschen gelten, in welchem sie zur Aufrechnung geeignet einander gegenübergetreten sind (§§ 388, 389 BGB). Wird dagegen eine Forderung vom Verkäufer bestritten und ist sie auch nicht rechtskräftig festgestellt, so ist die Aufrechnung damit nicht möglich. So können z. B. Ansprüche aus einer Mängelrüge, die der Verkäufer nicht anerkannt hat, nicht gegenüber der Kaufpreisforderung geltend gemacht 3 werden, selbst wenn sie begründet sind. Durch ein solches Aufrechnungsverbot soll der Käufer gezwungen werden, seine etwaigen Gegenansprüche gegenüber der Kaufpreisforderung im Wege der selbständigen Rechtsverfolgung geltend zu machen. Würde man anders verfahren, so würde der Zweck des Aufrechnungsverbots weitgehend in Frage gestellt, da der Käufer es in der Hand hätte, sich durch die bloße Behauptung von Mängeln einen weiteren Zahlungsaufschub zu verschaffen. Dagegen spricht auch nicht, daß eine Partei den ihr zunächst zuzusprechenden Betrag ihrer Forderung später wieder zurückzahlen muß, falls die bestrittene Gegenforderung schließlich doch für begründet erklärt wird.

4 Ist die Gegenforderung nicht bestritten, kann also die Aufrechnung stattfinden, so ist die Skontierung dann zulässig, soweit die Gegenforderung an dem Tage, bis zu welchem die skontobegünstigte Zahlung geleistet werden mußte, bereits fällig war (Gutachten der IHK Essen vom 27. 7. 1949).

5 Fällige Rechnungsbeträge darf der Käufer nach Abs. 2 Satz 1 nicht zurückbehalten. Dieser Ausschuß des gesetzlichen Leistungsverweigerungsrechts (§ 320 BGB) und des Zurückbehaltungsrechts (§ 273 BGB) in Allgemeinen Geschäftsbedingungen wird durch § 11 Nr. 2 AGBG im kaufmännischen Geschäftsverkehr nicht berührt (§ 24 Abs. 1 AGBG; Palandt AGB § 11 Anm. 2b). Dieser Ausschluß des Zurückbehaltungsrechts wird jedoch durch Abs. 2 Satz 1 dahingehend eingeschränkt, daß der Käufer zwar unbestrittene oder rechtskräftig festgestellte Forderungen nicht zurückbehalten, sie aber zur Aufrechnung stellen darf, was im Ergebnis auf das gleiche hinausläuft. Der Ausschluß des Zurückbehaltungsrechts in Abs. 2 Satz 1 wird also für anerkannte oder rechtskräftig festgestellte Forderungen durch die Aufrechnungsmöglichkeit nach Abs. 2 Satz 1 unterlaufen (Kaufrecht S. 174 f.).

6 Im Falle der Zahlungseinstellung des Verkäufers kann der Käufer auch fällige Rechnungsbeträge zurückhalten. Der Begriff der Zahlungseinstellung ist weit zu fassen, ein Konkurs- oder Vergleichsverfahren ist nicht Voraussetzung.

Ein Aufrechnungsverbot gilt im Falle des Konkurses des Verkäufers auch dann nicht, wenn das in den Allgemeinen Geschäftsbedingungen nicht ausdrücklich erwähnt wurde (BGH BB 1975, 297).

7 Außer den in Abs. 1 erwähnten Zahlungsweisen ist eine Wechselzahlung immer dann möglich, wenn sich der Verkäufer mit dieser Zahlungsart einverstanden erklärt (Abs. 3). Wegen der Wechselzahlungen im übrigen vgl. § 8 Anm. 9 EB. Die Bank-, Diskont- und Einziehungsspesen müssen vom Käufer getragen werden. Wechsel dürfen keine längere Laufzeit als 3 Monate haben. Wird ein Kaufvertrag gemäß § 7 Abs. 5 EB, § 462 BGB gewandelt, so ist vom Verkäufer der vom Käufer effektiv geleistete Betrag zurückzuerstatten. Wurde mit Wechsel gezahlt, so gehen die Wechselkosten zu Lasten des Käufers. Das folgt daraus, daß die Wechselzahlung als Barzahlung gewertet wird, da auch bei Wechselzahlung Skonto in Anspruch genommen werden kann.

§ 11 Eigentumsvorbehalt

Eigentumsvorbehalt der Bekleidungsindustrie

Die gelieferten Waren bleiben bis zu ihrer Bezahlung Eigentum des Verkäufers. Der Käufer kann jedoch die Waren im Rahmen eines ordnungsgemäßen Geschäftsbetriebes veräußern oder weiterverarbeiten. Jede Verpfändung oder Sicherungsübereinigung dieser Waren zugunsten Dritter ist ohne Zustimmung des Verkäufers ausgeschlossen. Bei Pfändung dieser Ware durch Dritte muß der Käufer dem Verkäufer unverzüglich Anzeige machen.

Eigentumsvorbehalt der Textilindustrie

1. Die gelieferten Waren bleiben bis zu ihrer Bezahlung Eigentum des Verkäufers. Der Käufer kann jedoch die Waren im Rahmen eines ordnungsmäßigen Geschäftsbetriebes veräußern oder weiterverarbeiten. Jede Verpfändung oder Sicherungsübereignung dieser Waren zugunsten Dritter ist ohne Zustimmung des Verkäufers ausgeschlossen. Bei Pfändung dieser Ware durch Dritte muß der Käufer dem Verkäufer unverzüglich Anzeige machen.

2. Für den Fall der Verarbeitung und anschließenden Veräußerung gilt folgende Ergänzung:

a) Die gelieferte Ware bleibt bis zur vollen Bezahlung der Forderungen des Verkäufers gegen den Käufer Eigentum des Verkäufers.

b) Die Befugnis des Käufers, im ordnungsmäßigen Geschäftsverkehr Vorbehaltsware zu verarbeiten und zu veräußern, endet mit dessen Zahlungseinstellung oder dann, wenn über das Vermögen des Käufers die Eröffnung des Konkursverfahrens oder des Vergleichsverfahrens zur Abwendung des Konkurses beantragt wird.
Der Käufer ist in diesem Falle verpflichtet, auf erste Anforderung des Verkäufers die unverarbeitete Vorbehaltsware herauszugeben.
Der Verkäufer wird dem Käufer für zurückgenommene unverarbeitete Vorbehaltsware den Erlös gutschreiben, den er bei der bestmöglichen Verwertung erzielt (§ 254 BGB).
In einem Widerruf oder einem Verlangen auf Herausgabe der unverarbeiteten Vorbehaltsware durch den Verkäufer liegt kein Rücktritt vom Kaufvertrag.

c) Verpfändung oder Sicherungsübereignung der Vorbehaltsware oder der abgetretenen Forderungen ist unzulässig.

d Durch Verarbeitung der Vorbehaltsware erwirbt der Käufer nicht das Eigentum gem. § 950 BGB an der neuen Sache. Die Verarbeitung wird durch den Käufer für den Verkäufer vorgenommen, ohne daß dem Verkäufer hieraus Verbindlichkeiten entstehen.

Wenn die Vorbehaltsware verarbeitet wird, erwirbt der Verkäufer das Miteigentum an der neuen Sache in Höhe des Rechnungswertes der Vorbehaltsware, die zu der neuen Sache verarbeitet worden ist.

e) Der Käufer tritt hiermit die Forderung aus einem Weiterverkauf der Vorbehaltsware an den Verkäufer ab, und zwar auch insoweit als die Ware verarbeitet ist. Die Abtretung wird auf die Höhe des Rechnungswertes der Vorbehaltsware, die zu der neuen Sache verarbeitet worden ist, beschränkt.

f) Der Verkäufer wird die abgetretenen Forderungen, solange der Käufer seinen Zahlungsverpflichtungen nachkommt, nicht einziehen. Der Käufer ist aber verpflichtet, dem Verkäufer auf Verlangen die Drittschuldner aufzugeben und diesen die Abtretung anzuzeigen. Er ist berechtigt, die Forderungen solange selbst einzuziehen, wie er seinen Zahlungsverpflichtungen nachkommt und ihm der Verkäufer keine andere Anweisung gibt.

g) Der Eigentumsvorbehalt bleibt auch dann bestehen, wenn einzelne Forderungen des Verkäufers in eine laufende Rechnung aufgenommen werden und der Saldo gezogen und anerkannt ist; es sei denn, der Saldo ist ausgeglichen.

h) Der Verkäufer verpflichtet sich, die ihm nach den vorstehenden Bestimmungen zustehenden Sicherungen nach seiner Wahl insoweit freizugeben, als ihr Wert unter Berücksichtigung der Wertschöpfung durch den Käufer die zu sichernden Forderungen um 10 Prozent übersteigt.

i) Von Pfändungen ist der Verkäufer unter Angabe des Pfandgläubigers sofort zu benachrichtigen.

k) Der Käufer ist verpflichtet, sobald er die Zahlungen eingestellt hat, und zwar unverzüglich nach Bekanntgabe der Zahlungseinstellung, dem Verkäufer eine Aufstellung über die noch vorhandene Eigentumsvorbehaltsware, auch soweit sie verarbeitet ist, und eine Aufstellung der Forderungen an die Drittschuldner nebst Rechnungsgutschriften zu übersenden.

3. Sollte der Verkäufer im Interesse des Käufers Eventualverbindlichkeiten eingehen (Scheck-Wechselzahlung), so bleibt der verlängerte und erweiterte Eigentumsvorbehalt bestehen, bis der Verkäufer aus diesen Verbindlichkeiten vollständig freigestellt ist.

Eigentumsvorbehalt der Bekleidungsindustrie

1 Ebenso wie in den früheren Bedingungen sieht § 11 lediglich den einfachen Eigentumsvorbehalt gem. § 455 BGB vor, d. h. die gelieferte Ware bleibt bis zu ihrer Bezahlung Eigentum des Verkäufers. Mit dem Eingang der Zahlung durch den Käufer wird dieser dann Eigentümer, ohne daß es hierzu noch einer besonderen Eigentumsübertragung bedarf. Bei Scheck- und Wechselzahlung geht das Eigentum des Verkäufers erst nach deren Einlösung unter. Zum Kaufpreis gehören auch die Nebenkosten, wie z. B. Verzugszinsen und die Mehrwertsteuer.

Die Klausel, daß der Käufer die Ware im Rahmen eines ordnungsgemäßen Geschäftsbetriebes veräußern oder weiterverarbeiten kann, dient der Sicherung des Vorbehaltsverkäufers. Sie ist deshalb nach § 157 GBG aus diesem Zweck heraus auszulegen. Nach dem Urteil des BGH (BB 1969, 1455) kommt es dabei nicht so sehr darauf an, was im Zeitpunkt des Weiterverkaufs in dem Geschäftszweig normal oder üblich war, sondern ob der Vorbehaltskäufer annehmen darf, der Vorbehaltsverkäufer werde unter den gegebenen konkreten Umständen die Veräußerung als mit seinem Sicherungsbedürfnis vereinbar ansehen und deshalb mit ihr einverstanden sein. Daran dürften allerdings nicht zu strenge Anforderungen gestellt werden, weil beim Warenumsatzgeschäft die Weiterveräußerung der Vorbehaltsware – auch ohne ausdrückliche Vereinbarung – der selbstverständliche Zweck des Geschäftes ist und weil andererseits im Interesse der Rechtssicherheit die Frage, ob im Einzelfall im normalen Geschäftsgang veräußert wird, vorwiegend auf objektive, auch dem Drittabnehmer erkennbare Kriterien abzustellen sei. Auch verbilligte Verkäufe aus besonderem Anlaß, z. B. anläßlich des Ausverkaufs, können je nach den Umständen des Einzelfalles noch als normal gelten, während bei eventuell drohender Illiquidität außergewöhnliche Schleuderverkäufe die Grenze des noch ordnungsgemäßen Geschäftsbetriebes überschreiten. Einen Verkauf von Ware 10 bis 12 % unter dem eigenen Einkaufspreis hat der BGH in dem vorgennannten Urteil nicht mehr als einen Verkauf im Rahmen eines ordnungsgemäßen Geschäftsbetriebes angesehen. 2

Kommt der Käufer mit der Zahlung des Kaufpreises in Verzug, ist der Verkäufer gem. § 455 BGB sofort zum Rücktritt vom Vertrag berechtigt, ohne daß es einer Fristsetzung bedarf. In diesem Falle treten dann die allgemeinen Rücktrittsvorschriften der §§ 346 ff. BGB in Kraft mit der Konsequenz, daß der Käufer sein Besitzrecht nach § 986 BGB verliert und nach § 985 BGB verpflichtet ist, dem Verkäufer die Ware herauszugeben. Die Rückschaffungskosten treffen zunächst den Verkäufer, der die Rückschaffung selbst übernimmt oder einen Dritten mit ihr beauftragt. Soweit eine Rücknahme zulässigerweise erfolgt, wird man eine Abwälzung der Kosten auf den Käufer für zulässig erachten müssen (Lambsdorff/Skora Anm. 184). 3

Gibt der Käufer in derartigen Fällen die unter Eigentumsvorbehalt gelieferte Ware nicht an den Verkäufer heraus, muß Letzterer seinen Anspruch auf Rückgabe gerichtlich geltend machen. Wird von dem Verkäufer glaubhaft gemacht, daß der zur Herausgabe verpflichtete Käufer beabsichtigt, über die Ware ohne Erlaubnis zu verfügen, z. B. der insolvent gewordene Käufer will sein Warenlager im Wege eines Räumungsverkaufes veräußern, kann der Verkäufer seine unter Eigentumsvorbehalt gelieferte Ware durch eine gerichtliche einstweilige Verfügung gegen den Käufer sichern (GemKom S. 119). 4

Will der Verkäufer nicht vom Vertrag zurücktreten, sondern Schadenersatz wegen Nichterfüllung verlangen, so ist nur ein Vorgehen nach § 326 BGB möglich, d. h. also nach Fristsetzung mit Ablehnungsandrohung. Für die Berechnung des Schadens ist hier der Wert der verkauften Ware, die der Verkäufer nach § 985 BGB aufgrund seines Eigentums wieder herausverlangen kann, von dem Kaufpreis abzusetzen. 5

6 Veräußert der Käufer die Ware im Rahmen eines ordentlichen Geschäftsbetriebs, geht das Eigentum mit der Übergabe mittelbar vom Verkäufer auf den Zweitkäufer über, sofern Letzterer im guten Glauben ist, daß der Erstkäufer Eigentümer der Ware ist. Gleichzeitig erlischt damit der Eigentumsvorbehalt des Verkäufers.
Wird dagegen die unter Eigentumsvorbehalt gelieferte Ware verarbeitet und ist der Wert der Verarbeitung nicht erheblich geringer als der Wert der verkauften Ware, dann erwirbt der Verarbeiter, d. h. also durchweg der Käufer, gemäß § 950 BGB Eigentum an der neuen Sache.

7 Der Verkäufer hat im Falle des Konkurses des Käufers aufgrund seines Eigentumvorbehalts nach § 43 KO einen Aussonderungsanspruch an der Vorbehaltsware, die der Käufer noch im Besitz hat. Gegenüber dem Konkursverwalter kann er die Herausgabe dieser Ware verlangen. Hat die Ware inzwischen an Wert – gemessen an dem vereinbarten Kaufpreis – verloren, kann der Verkäufer den Unterschiedsbetrag als Schadensersatzforderung zum Konkursverfahren anmelden.
Verlangt dagegen der Konkursverwalter Erfüllung des Kaufvertrages gem. § 17 KO, so fällt die Kaufpreisforderung in die Masseschuld mit der Konsequenz, daß sie vor den normalen Konkursforderungen zu befriedigen ist (§ 59 KO). Veräußert der Konkursverwalter die Ware während des Konkursverfahrens, hat der Verkäufer einen Anspruch auf Ersatzaussonderung hinsichtlich des vom Konkursverwalter erzielten Kaufpreises (GemKom S. 123).

8 Jede Verpfändung oder Sicherungsübereignung der Vorbehaltsware zugunsten Dritter ist ohne Zustimmung des Verkäufers ausgeschlossen. Da heute die Lieferung unter Eigentumsvorbehalt üblich ist, kann sich normalerweise ein Dritter, z. B. eine Bank, nicht im guten Glauben auf die Verfügungsbefugnis des Käufers berufen, die Ware sei ihr zwecks Sicherung übereignet worden. Im übrigen muß der Käufer gem. § 11 Satz 4 EB bei einer Pfändung der Ware durch Dritte hier von dem Verkäufer unverzüglich Anzeige erstatten.

9 Nach dem derzeitigen Kenntnisstand streben die Kartelle der Bekleidungsindustrie die Einführung des Kontokorrentvorbehaltes – d. h. also des erweiterten Eigentumsvorbehaltes – an, und zwar durch die Einfügung der Worte »sämtliche Forderungen« in § 11 Satz 1, der – falls eine Anmeldung beim Bundeskartellamt vollzogen wird – nunmehr heißen würde: »Die gelieferten Waren bleiben bis zur Bezahlung sämtlicher Forderungen Eigentum des Verkäufers«.
Dadurch wird der Eigentumsvorbehalt auch über den konkreten Kaufgegenstand hinaus auf alle gegenwärtigen und zukünftigen Forderungen erstreckt, die dem Verkäufer gegenüber dem Käufer aus der zwischen ihnen bestehenden Geschäftsverbindung zustehen. Der erweiterte Eigentumsvorbehalt erstreckt sich ebenso wie beim einfachen Eigentumsvorbehalt auch auf alle Nebenforderungen, z. B. Verzugszinsen usw. Für die Wirksamkeit dieses Eigentumsvorbehaltes (Kontokorrentvorbehalt) ist nicht Voraussetzung, daß zwischen den Vertragsparteien ein Kontokorrentverhältnis gem. § 355 HGB besteht, d. h. der Eigentumsvorbehalt bleibt auch dann bestehen, wenn der Saldo gezogen wurde und dieser vom Verkäufer anerkannt worden ist. Bei einem Saldenausgleich geht der Eigentumsvorbehalt dagegen unter.

Eigentumsvorbehalt der Textilindustrie

§ 11 der Bedingungen der Textilindustrie stellt gegenüber dem § 11 der Bedingungen der Bekleidungsindustrie eine weitergehende Absicherung für den Verkäufer dar, u. a. insbesondere im Hinblick auf die Verarbeitung der gelieferten Ware durch den Käufer. 10

In Ziffer 1 des § 11 ist zunächst der einfache Eigentumsvorbehalt geregelt, der inhaltlich dem derzeitigen § 11 der Bedingungen der Bekleidungsindustrie entspricht (siehe Anm. 1–9). 11

In Ziffer 2 des § 11 ist für den Fall der Verarbeitung und der Veräußerung der erweiterte und verlängerte Eigentumsvorbehalt geregelt, wobei folgende Fälle zu unterscheiden sind: 12

Die Ziffer 2a entspricht weitgehend dem erweiterten Eigentumsvorbehalt, wie er unter Anm. 9 dargestellt wurde. Das Recht des Käufers, die Vorbehaltsware im ordnungsgemäßen Geschäftsbetrieb zu verarbeiten und zu veräußern, erlischt nach Ziffer 2b jedoch mit dessen Zahlungseinstellung oder dann, wenn über sein Vermögen die Eröffnung des Konkursverfahrens oder des Vergleichsverfahrens zur Abwendung des Konkurses beantragt wird. 13

Eine Zahlungseinstellung liegt vor, wenn der Käufer wegen eines voraussichtlichen dauernden Mangels an Zahlungsmitteln, nach außen erkennbar, nicht in der Lage ist und aufhört, seine fälligen Geldschulden im allgemeinen zu erfüllen.

In den vorgenannten Fällen ist der Käufer verpflichtet, auf erste Anforderung hin die unverarbeitete Vorbehaltsware herauszugeben. Hierfür muß der Verkäufer den Erlös gutschreiben, den er bei bestmöglicher Verwertung erzielt.

Ferner heißt es, daß in einem Widerruf oder einem Verlangen auf Herausgabe der unverarbeiteten Vorbehaltsware kein Rücktritt vom Vertrag zu sehen ist, d. h. daß der Vertrag ansonsten voll erfüllt werden muß.

Die in Anm. 13 aufgeführten Regelungen gelten jedoch nur für den Fall der Verarbeitung und anschließenden Veräußerung. In Konsequenz heißt das, daß nur Absatz 1 und nicht Absatz 2 in Anwendung zu bringen ist für den Fall, daß keine Verarbeitung und anschließende Veräußerung erfolgt ist. Zumindest liegt hier eine Unklarheitsregel im Sinne des § 5 AGBG vor, die zu Lasten des Verwenders, d. h. des Verkäufers geht. 14

In Abs. 2d ist eine Verarbeitungsklausel eingefügt. Nach § 950 BGB erwirbt derjenige Eigentum an einer neuen Sache, der sie verarbeitet, es sei denn der Wert der Verarbeitung ist erheblich geringer als der Wert des Stoffes, d. h. der Hersteller wird Eigentümer.

In 2d Abs. 1 wird jedoch ausdrücklich festgelegt, daß im Falle der Verarbeitung nicht der Käufer in seiner Eigenschaft als Hersteller, sondern der Verkäufer Eigentümer wird, d. h. nur er und niemand sonst wird Eigentümer, und zwar ohne daß ihm hieraus Verbindlichkeiten entstehen. 15

Gleichzeitig heißt es aber auch in 2d Abs. 2, daß – wenn die Vorbehaltsware verarbeitet wird – der Verkäufer das Miteigentum an der neuen Sache in Höhe des Rechnungswertes der Vorbehaltsware erwirbt, die zu der neuen

Sache verarbeitet worden ist. Der Ausschluß von Verbindlichkeiten ist hier nicht vorgesehen.
Beide Bestimmungen widersprechen sich, denn einmal wird der Verkäufer Volleigentümer und im anderen Fall lediglich Miteigentümer in Höhe des Rechnungswertes seiner Vorbehaltsware bei gleichem Tatbestand. Im letzteren Falle wäre die neue Sache wenigstens in Höhe des vom Verkäufer beigesteuerten Verarbeitungswertes herrenlos. Die Nichtberücksichtigung eines Miteigentümeranteils des Käufers als Hersteller dürfte jedoch mißbräuchlich sein. Zudem stellt der vorgenannte Widerspruch eine Unklarheitsregelung nach § 5 AGBG dar, die zu Lasten des Verwenders, d. h. des Verkäufers geht.

16 In Abs. 2e und f wird der verlängerte Eigentumsvorbehalt geregelt. Es wird festgelegt, daß der Käufer die Forderungen aus einem Weiterverkauf der Vorbehaltsware an den Verkäufer abtritt, und zwar auch insoweit, als die Ware verarbeitet ist, jedoch nur in Höhe des Rechnungswertes der Vorbehaltsware.
Solange der Käufer seiner Zahlungsverpflichtung nachkommt, wird der Verkäufer diese Forderung nicht selbst einziehen. Der Käufer ist aber verpflichtet, dem Verkäufer auf Verlangen die Drittschuldner anzugeben und diesen die Abtretung anzuzeigen. Der Käufer ist berechtigt, die Forderungen solange selbst einzuziehen, wie er seinen Zahlungsverpflichtungen nachkommt und ihm der Verkäufer keine andere Anweisung gibt.

17 Der Verkäufer verpflichtet sich, die ihm zustehenden Sicherungen insoweit freizugeben, als ihr Wert unter Berücksichtigung der Wertschöpfung durch den Käufer die zu sichernde Forderung um 10 % übersteigt. Hierbei hat der Verkäufer ein Wahlrecht. Es wird bezweifelt, ob diese Bestimmung praktische Bedeutung gewinnt.

18 Von Pfändungen ist der Verkäufer unter Angabe der Pfandgläubiger sofort zu benachrichtigen. Ferner ist der Käufer verpflichtet, bei Zahlungseinstellung unverzüglich eine Aufstellung der Forderungen an die Drittschuldner nebst Rechnungsdurchschrift zu übersenden.

19 Bei Scheck/Wechsel-Zahlungen bleibt der verlängerte und erweiterte Eigentumsvorbehalt bestehen, bis der Verkäufer aus diesen Verbindlichkeiten vollständig freigestellt ist.

20 Die Konvention der Deutschen Heimtextilienindustrie verwendet eine andere Formulierung des erweiterten und verlängerten Eigentumsvorbehaltes, auf die hier im einzelnen nicht eingegangen wird.

§ 12 Regelung von Streitigkeiten

Streitigkeiten aus dem Vertrag werden durch das ordentliche Gericht oder ein vereinbartes Schiedsgericht entschieden. Wenn das Schiedsgericht nicht als ausschließlich zuständig vereinbart ist, ist das zuerst angerufene Gericht zuständig.

Die Regelung stellt klar, daß neben dem ordentlichen Rechtsweg auch die Entscheidung durch ein Schiedsgericht möglich ist, wenn letzteres ganz allgemein oder für den jeweiligen Streitfall vereinbart ist. Der Schiedsvertrag bedarf unter Vollkaufleuten, wenn er für beide Seiten ein Handelsgeschäft ist, nicht der sonst vorgeschriebenen Form einer besonderen Urkunde im Sinne von § 1027 Abs. 1 ZPO. Die für Vollkaufleute geltende Ausnahmevorschrift des § 1027 Abs. 2 ZPO ist eng auszulegen und unanwendbar auf Nichtkaufleute trotz kaufmännisch geführten Geschäftsbetriebes (BGHZ 36/276). Die Schiedsabrede ist unter Vollkaufleuten bei beiderseitigem Handelsgeschäft unmittelbar in dem Vertrag möglich, durch mündliche Nebenabrede, durch stillschweigend schlüssiges Verhalten oder in Allgemeinen Geschäftsbedingungen (Baumdach-Duden Anm. 12 Einführung I). Wird das Schiedsgericht angerufen, so ist es für alle Klagen aus dem streitigen Rechtsverhältnis örtlich und sachlich zuständig, also z. B. auch für die Geltendmachung von Wechselansprüchen. 1

Die Vereinbarung eines Schiedsgerichts empfiehlt sich jedoch bei Kaufverträgen allgemeiner Art in der Regel nicht. Vielmehr ist den ordentlichen Gerichten der Vorrang zu geben, zumal das vom Verkäufer oder Käufer zuerst angerufene Gericht auch für etwaige Widerklagen ausschließlich zuständig ist (vgl. § 2 Anm. 5 EB). Unabhängig von Schiedsgerichtsvereinbarungen können einstweilige Verfügungen und Arreste auch bei den ordentlichen Gerichten beantragt werden. 2

Bei Auslandsgeschäften empfiehlt sich jedoch die Vereinbarung eines Schiedsgerichts, da sonst nach § 2 EB das zuerst angerufene Gericht örtlich zuständig wäre; dies könnte z. B. ein ausländisches Gericht sein. Die Vereinbarung der Zuständigkeit des Internationalen Schiedsgerichts mit dem Sitz in Paris sollte nur in Ausnahmefällen zugestanden werden, zumal in Deutschland bei allen Industrie- und Handelskammern Schiedsgerichte gebildet werden können. 3

Für den Verband der Deutschen Tuch- und Kleiderstoffindustrie einerseits und den Verband der Damenoberbekleidungsindustrie e. V. sowie den Verband der Herrenbekleidungsindustrie e.V. andererseits besteht eine allgemeine, auch für den Bereich der Einheitsbedingungen gültige Schiedsgerichtsvereinbarung in Form eines Schiedsgerichtsvertrags vom 20. 4. bzw. 10. 5. 1951. Die Mitglieder dieser Organisationen können also neben dem ordentlichen Gericht das vertraglich vorgesehene Schiedsgericht anrufen, wobei das zuerst angerufene Gericht als zuständig gilt. 4

Stichwortverzeichnis

Es bedeuten:
Hinweise auf Paragraphen ohne Anmerkung beziehen sich auf den Wortlaut der Einheitsbedingungen.
Einl. = Einleitung.